4·16구술증언록 단원고 2학년 1반 제3권

그날을 말하다

수연 아빠 이재복

이 도서의 국립중앙도서관 출판예정도서목록(CIP)은 서지정보유통지원시스템 홈페이지(http://seoji.nl.go.kr)와
국가자료공동목록시스템(http://www.nl.go.kr/kolisnet)에서 이용하실 수 있습니다.
CIP제어번호: CIP2019007262

4·16구술증언록 단원고 2학년 1반 제3권

그날을 말하다

수연 아빠 이재복

4·16기억저장소 기획 편집
(사) 4·16세월호참사가족협의회 지원 협조

한울

4·16기억저장소에서는 세월호 참사 5주기를 맞아 구술증언 수집 사업의 결과물 일부를 100권의 책으로 발간하게 되었습니다. 이 사업은 2015년 6월부터 다양한 학문 분야 구술 연구자들의 자발적인 참여로 진행되어 왔으며, 세월호 참사를 좀 더 정확하고 다각적으로 기록하고 기억하고자 하는 노력의 일환으로 수행되었습니다.

2014년 참사 발생 이후, 참사 피해자들의 목격담과 경험은 안타깝게도 공식적인 국가기관과 언론의 기록 속에서 철저히 소외되거나 왜곡되었습니다. 그것은 세월호 참사가 우리에게 안긴 죽음과 고통의 충격만큼이나 우리 사회의 끔찍한 비극이었습니다. 따라서 사업을 진행하면서 세월호 참사 희생자 가족, 생존자, 생존자 가족, 어민, 잠수사, 활동가, 기자 등등, 참사의 초기 과정을 직접 경험한 분들의 증언을 우선적으로 수집했습니다. 구술자는 이 사업의 취

지와 방식에 개인적으로 동의한 분 중에서 선정했으며, 참여 과정에 어떠한 금전적 보상이나 이익이 제공되지 않았습니다. 또한 구술증언 수집 사업을 진행하는 동안, 면담자는 연구자이자 참사를 겪은 공동체 시민으로서 최대한 윤리적이고자 노력했습니다.

구술자마다 매회 약 2시간씩 3회를 원칙으로 음성 녹취와 영상 촬영을 하는 방식으로 진행되었고, 증언의 일관성을 확보하기 위해 면담자는 큰 틀에서 공통 질문지를 사용했습니다. 공통 질문지의 내용은 참사와 구술자 간의 관계성에 따라 차이가 있지만, 유가족 구술의 경우 1회차 '참사 이전의 삶, 팽목항과 진도에서의 경험, 자녀에 대한 기억'을, 2회차 '참사 이후 투쟁과 공동체 활동 경험'을, 3회차 '참사 이후 개인 및 가족이 경험한 삶의 변화와 깨달음, 자녀의 현재적 의미'를 중심으로 했습니다. 이처럼 증언 내용은 참사 이전에서 시작해 참사 발생 당시의 경험과 이후의 변화 과정까지 폭넓게 수집했고, 면담자는 구술 채록 과정에서 구술자의 발화를 최대한 존중하고자 했으며, 무엇보다 각자의 특수한 경험과 다른 시각을 충실히 반영하고자 했습니다.

이 구술증언록의 발간을 위해, 채록된 음성 자료는 문서로 변환해 구술자와 함께 검토했고, 현재 시점에서 공개할 수 있는 영역과 할 수 없는 영역으로 구별했습니다. 따라서 책에 실린 내용은 모두 구술자로부터 공개를 허락받은 부분입니다. 비공개 영역은 추후 구술자의 동의를 받아 적절한 절차를 거쳐 추가로 공개될 수 있으리라 생각합니다.

이 구술증언록 100권에는 그동안 우리 사회에 왜곡되어 알려지거나 잘 알려지지 않았던, 참사 발생 직후 팽목항과 진도 혹은 바다에서의 초기 상황에 관한 중요한 증언이 포함되어 있습니다. 또한, 자녀를 잃는 잔인하고 애통한 상황을 겪으면서도 그 누구보다 강인한 정치적 주체로 성장할 수밖에 없었던 유가족의 마음과 경험을 구체적으로, 그리고 여러 각도에서 살펴볼 수 있습니다. 그 외에도, 이 구술증언록은 2014년을 전후한 한국 사회의 여러 측면을 드러내는 귀중한 자료가 되리라고 생각합니다. 무엇보다 국내외의 많은 분이 이 책을 읽어, 장차 세월호 참사의 진상 규명과 역사 서술에 기여할 수 있기를 바랍니다.

구술증언 수집 사업이 진행되고, 책으로 출간되기까지 많은 분의 도움과 지지가 있었습니다. 이 지면을 빌려 부족하나마 감사의 말씀을 전하고자 합니다.

먼저 (사)4·16세월호참사가족협의회와 4·16기억저장소에 감사를 드립니다. 이분들의 신뢰와 적극적인 협조가 없었다면, 이 사업은 처음부터 시작할 수조차 없었을 것입니다. 또한 어려운 정치 환경 속에서도 사업의 취지에 공감해 재정 지원을 결정해 준 아름다운가게와 역사문제연구소에 감사드립니다. 두 단체 덕분에, 이 사업을 4년 동안 계속해 올 수 있었습니다. 그리고 구술증언록 100권의 발간에 동의하고, 바쁜 일정에도 출판 실무를 기꺼이 맡아주신 한울엠플러스(주)에도 감사를 드립니다. 이 외에도 많은 개인과 단체가 직간접적으로 많은 도움을 주시고 격려해 주셨습니다. 여기에 모두 밝히지 못하는 것을 죄송하게 생각합니다.

　말할 필요도 없이, 가장 크고 또 가슴 아픈 감사는 구술자 한 분한 분께 드리고자 합니다. 이 책이 발간될 수 있었던 것은, 무엇보다 용기를 내어 아픔과 고통의 기억을 다시 떠올리고 장시간 진심으로 이야기를 해주신 구술자가 있었기 때문입니다. 오랜 시간 이야기를 나누며 함께 공감하기도 했지만, 그 아픔과 고통을 어떻게 가늠할 수 있을까 싶습니다. 더 큰 도움이 되지 못함을 안타까워하며, 이 구술증언록 100권의 발간이 피해자분들에게 조금이라도 위로가 될 수 있기를 기원합니다.

2019년 4월

4·16기억저장소 구술팀 책임자
서울대학교 인류학과 교수 이현정

차례

수연 아빠 이재복

구술자 이재복은 단원고 2학년 1반 고 이수연의 아빠다. 수연이는 부부의 외동딸이었다. 매일같이 통학을 함께 하고 진로를 함께 고민해 주던 아빠는 참사 이후 회사를 그만두고 4·16목공방에서 작업을 하며 일상을 보내고 있다. 아빠는 참사 이후 친구들을 통해 그간 몰랐던 딸의 끼 많고 활발한 모습을 알게 되었다.

이재복의 구술 면담은 2016년 5월 24일, 6월 16일, 6월 23일, 3회에 걸쳐 총 5시간 10분 동안 진행되었다. 면담자는 이예성, 촬영자는 김솔이었다.

구술자 본인의 프라이버시나 제3자의 프라이버시를 보호해야 할 부분을 제외하고는 구술자의 발화를 있는 그대로 전사했다.

1회차

2016년 5월 24일

1
시작 인사말

면담자　　　본 구술증언은 4·16 사건에 대한 참여자들의 경험과 기억을 기록으로 남김으로써 이후 진상 규명 및 역사 기술에 기여하고자 합니다. 지금부터 이재복 씨의 증언을 시작하겠습니다. 오늘은 2016년 5월 24일이며, 장소는 안산시 정부합동분향소 내 불교방입니다. 면담자는 이예성이며, 촬영자는 김솔입니다.

2
구술 참여 동기와 목적

면담자　　　질문을 시작하겠습니다. 아버님, 말씀을 통해 구술 참여를 하시기로 허락을 해주신 건데 결정하시게 된 동기를 말씀해 주세요.

수연 아빠　　　구술한다는 이야기를 그 전부터 얘기 들었는데, 여러 가지 뭐 저의 시간적인 것도 그렇고, 뭐 정신적으로도 여유가 안 되고, 그 시간도 좀 안 맞고 그래 가지고 잊고 있다가 얼마 전에 인제 그 관계자분하고 어떻게 얘기가 돼서, 이 구술 얘기가 나와서, 시간 좀 돼서 인제 해보자 그래서 날짜를 잡게 된 거죠. 그러고 얘기 나온 김에 해야지, 또 미루다 보면 또 시간을, 타이밍을 놓치면 이거 다 시기가 있는 것들이어서 안 될 것 같아서, 얘기 나온 김에 하려고 그래서 결정을 한 겁니다.

면담자   네. 말씀하신 시간적 여유가 없으신 거는 주로 어떤 것 때문이죠?

수연 아빠   뭐 시간적 여유라기보단 어떻게 보면 정신적인 여유 죠. 마음이 이렇게 와 닿지 않고, 또 인터뷰라는 것도 좀 어떻게 보면 어색하고 익숙지 않고, 그러다 보니까 그런 것들이 조금 꺼려지게 됐고, 그런데 주위에서 또 뭐 하신 분들도 많고 얘기도 들어서, 뭐 해서 나쁠 거 없고, 어떤 면에서는 또 기록, 기억 이런 것이 남는 다라고 긍정적으로 생각하고 해서 '해도 의미가 있겠다' 그렇게 해서 이제 하려고 하는 거죠.

면담자   네. 인터뷰가 어색하다고 하셨는데 혹시 인터뷰의 어떤 부분 말씀하시는 건가요? 촬영이나 이런 부분인가요?

수연 아빠   아니, 그러니까 질문에 답변하는 거를 좀 마음속으론 있어도 이런 것들 표현이 익숙지 않은 거 있잖아요. 이런 걸 얘기를 하는 게, 이런 이야기 하는 걸 좋아하는 사람은 이런 걸 쉽게 얘기할 수 있을지 몰라도, 많이 이제 안 해봤다든가 그런 것들 서투른 사람들은 얘기하는 자체를 일단 꺼려 하게 되잖아요, 부담스러워하고. 그리고 또 마음속에 있는 얘기를 다 이렇게 시원하게, 다 이렇게 표현하고 해야 되는데 이제 그런 것들이 경험도 부족하고 그러면 정 익숙지 않다 보니까 쉽지 않고, 부담스럽다는 거죠. 한마디로, 그런 말하는 자체가 부담스러운 사람들이 있어요. 저도 그런 사

수연 아빠 이재복

람 중에 한 사람이고. 또 요 근래 들어가지고 어쩔 수 없이 그런 걸 하기 싫은데도 해야 될 상황이 또 많이 생기드라고, 제 자신이. 또 반 대표를 최근에 들어와 가지고 맡다 보니까 본의 아니게 기회를 자꾸 갖게 되고, 그래서 사실상 원래 앞에 나서고 얘기하고 그런 걸 그 전엔 별로 경험도 없고 하는 것도 부담스러워하는 성향인데 어쩔 수 없이 요즘 들어가지고 본의 아니게 해야 될 게 많이 생기드라고요. 그래서 그런 면에서 어떻게 쪼끔 스트레스도 받아요, 사실.

근데 책임이 있다 보니까 반 대표라는 그런 의무감이 있다 보니까 어쩔 수 없이 하긴 하는데, 사실 부담되고 스트레스, 사실 스트레스예요. 근데 이거는 어떻게 보면 내 개인의 일이라기보다는 우리, 어떻게 보면 우리 애일 수도 있고, 우리 가족협의회 전체적인 일이기 때문에 전체를 생각해서 어떻게 보면 참고 하는 거예요, 감수하고. 그러다 보니까 조금 힘들긴 힘들어요. 제 성격하고 안 맞아가지고. 이렇게 말하는 것도 솔직히 좀 익숙지 않고 부담스러운 일이에요, 사실 저한테는. 이런 거를 즐겨 하는 사람도 있더라고. 이런 거 막 나서서 얘기하기 좋아하고, 한번 또 얘기하면 끝없이 얘기하고 뭐 이런 사람도 있는데, 저는 인제 그, 그런 쪽보다는 인제 쪼끔 이게 뒤에서 이렇게 서포트 하고 지지, 지원하는 이런 스타일인데, 앞에 나서서 하는 스타일은 아니다 보니까 쪼끔 부담스러운 면은 있죠.

면담자   그러면 이런 참여를 하시게 되고, 요즘에 그런 일이 많다는 말씀은 정말 최근의 일인가요?

수연 아빠   최근에, 네.

면담자   최근의 변화이신 거죠?

수연 아빠   최근에, 네. 예를 들어서 발언 같은 것도 이제 하게 되고, 이렇게 말하는 걸 별로 저 안 좋아하는데 발언까지 하면 얼마나 힘들어요. 그렇다고 또 반 대표다 보니까 자꾸 또… 그걸 대부분 좋아서 즐겨 하는 사람들이 없다 보니까, 내가 책임을 맡고 있다 보니까 자꾸 떠넘기고, 떠넘기다 보니까 이제 안 할 수도 없고, 그래서 인제 또 하게 되고, 그래서 그런 부분들이 요즘 최근에 나름대로 부담스럽고 스트레스까지 받고 그러는데도 뭐 우리도… 아이들 일이고, 그런 것 때문에 사실 참고 하고는 있죠.

면담자   혹시 최근에 어떤 결정적인 계기가 있었나요? 아님 반 대표를 하신 게 언제부터인지 그런 부분을 말씀해 주실 수 있으세요?

수연 아빠   반 대표를 한 것이 2월 달부터죠, 2월 달.

면담자   그때 2월 달에 어떤 중요한 일이 있었나요?

수연 아빠   하게 된 이유는 우리 반 대표가 있었어요. 있었는데 그 임원으로 올라가다 보니까 공석이 돼가지고. 그래도 자꾸 추천을 하고 그래서 반에서 내가 좀 해줬으면 좋겠다, 해달라 그래서, 사실 거부를 많이 했었는데 "할 만한 사람이 없다, 좀 해달라" 그래가지고 울며 겨자 먹기로 어쩔 수 없이, 그냥 떠맡게 된 거죠. 떠맡

수연 아빠 이재복

게 된 거죠, 그냥.

면담자   근데 떠맡아도 주변에서 이렇게 아버님이 해주시기 바라는 이유가 있을 거 아니에요. 아버님을 추천하는 이유가 뭐라고 생각하세요?

수연 아빠   그게 아무래도 관심이, 물론 없는 사람은 없겠지. 관심은 여러 가지 의문, 궁금한 사항이라든가 또는 돌아가는 상황에 대해서 변호사랑이라든가, 전문가들, 법조인들 만날 기회가 있을 때, 예를 들어 제가 이렇게 좀 질문을 많이 하고, 또 그거에 대한 답변을 또 전달을 좀 하고 그런 걸 좀 봤나 봐요. 그래도 다른 사람들보다는 그런 것들에 대해서 또 이렇게 듣고 전달하고 이런 과정을 그래도 내가 하는 것이 좀 낫겠다, 평가를 했는 거 같아요. 저는 뭐 누구한테 보여주려고 한 거는 아니고, 내가 진짜 궁금하고 답답하고, 알고 싶고, 그렇기 때문에 사실 한 건데 그걸 이제 옆에서 봤나봐요. 내가 하면 그래도 전달이 좀 잘되고, 우리 반원들이 얘기한 것을 전달해 주고, 또 가족협의회에서 얘기 나온 것을 전달하고 서로 중간에서 좀 잘할 수 있지 않겠느냐 판단을 해서 저[에게] 맡겼는 거 같고, 요구를 했던 것 같아요. 근데 쉽지는 않아요. 솔직히 후회돼요(웃음). 계속 좀 마다할 걸 후회가 돼요. 근데 이왕 맡았으니까 안 할 수도 없고, 또 이것도 하나의 경험이고 아까도 말했지만 무엇보다도 '아이를 위한 일이다' 생각하고, 책임감을 가지고 하는 거죠. 힘들어요, 하다 보니까 늘긴 늘더라구.

21
·
1회차

면담자   경험이 늘어가나 보네요.

수연 아빠   네, 이런 식으로 말도 좀 하게 되고, 첨에는 말하기가, 일단 말하기가 싫었어요, 말하는 자체가 싫고. 모든 게 인제 어떻게 보면 무기력하고, 한동안은 자포자기 상태에서 거의 잘 안 움직였으니까…. 제가 2014년도 그 참사 이후에 직장을 다니다가 도저히 생활을, 직장생활을 거의 못했어요. 손에 안 잡히고 그래 가지고, 그래서 회사에서도 뭐 이해를 해주고 참고, [유가족 활동을] 하라고 했지만은 그거는 내 욕심이고, 여러 가지 회사로서도 누가 되고 내 개인적으로 힘들고 해가지고, [2014년] 하반기… 직장을 그만두고, 거의 뭐 작년 상반기에는 거의 활동도 못했지요. 거의 뭐 집에만 있다시피 하다가, 물론 쪼금씩 나오긴 했지만 그러면서 작년 중반기부터 좀 나오기 시작했죠. 나오기 시작하면서 관심을 좀 갖게 됐고, 여기저기 좀 많이 다니기도 했고, 그래서 올 초에 또 이런 책임을 좀 맡게 된 거죠.

맡았는데 힘들어요, 가족들이 갈수록 지치고 그러니까, 일단은 지치고 그러니까. 초반에는 뭔가 좀 자식 잃은 아픔 똑같잖아요. 거기에 대한 어떤 진상 규명에 대한 의지는 상당히 이제 강하게 있고 해서 많이 활동을 했는데, 그것이 자기가 활동하는 만큼 안 이루어지니까 손에 잡히는 게 없으니까 지치는 거예요. 지쳐가지고 '하면 뭐 하냐' 하고 자포자기해 가지고 가족들도 막 활동이 줄어들었죠. 거의 반 이상은 이제 안 나온다고 봐야죠. 그러다 보니까 사실 이 반 대표도 쉽지는 않아요, [가족들이] 활동을 안 하니까. 예를 들어서 무슨 피켓 활동이라든가, 또 뭐 기자회견이라든가, 또 어디 가서 활동을 할 때 같이 움직여줘야 하는데, 움직이는 사람이 딱 정해져 있어요. 다 하난데도 협조들을 안 해. 그렇다고 억지로 끌고 할 수도 없는 거고, 하는 사람들 몇 명만 움직이는 거야. 그러니까 쉽지가 않지. 저도 그렇게 나서는 걸 좋아하지 않다 보니까 만약에 반 대표 아니었으면 많이 빠졌을 건데 반 대표다 보니까 제가 솔선수범 안 할 수도 없고, 그래서 무슨 일 있을 때마다 꼭 가야 돼, 나는. 안 갈 수가 없어. 그렇게 가야지만이 또 한두 명이라도 끌고 갈 수 있으니까. 그래 가지고 모든 활동은 거의 인제 참여하게 될 수밖에 없죠. 그래서 계속 몇 명이라도 끌고 가야 하는데, 끌고 가려면 계속 또 움직여야 되고, 그래서 안 움직이는 사람이 안타까운 거죠. 근데 그 사람들이 한편으로는 중간자 입장에서 저는 이해 가요. 그걸 원망하고 뭐 탓하고 욕하는 사람도 물론 있어, 있는데, 저는 이해 가요. 왜냐하면 제가 안 움직여, 안 움직여봤기 때문에 그 사람들 심정을 알거든요. 그래서 저는 탓하지 말라 그러거든요, 절대 탓하지 말라고. 하는 사람이라도 열심히 하면 나중에 그 사람들 돌아올 수 있다. 중요한 건 내가 하는 게 중요한 거지 남이 안 하는 걸 탓하지 말라, 그렇게 얘기하죠.

그 사람들이 뭐 자식 잃은 슬픔이나 분노가 식어서 절실하지 않아서 안 움직이는 건 절대 아니거든요. 어떻게 보면 더 힘들어요, 안 다니는 사람들이. 제가 안 다녀봐서 알아요, 그거는. 안 다니는 사람이 더 힘들어요. 차라리 나와서 움직이면 자기가 어디 목소리라도 내고, 부딪쳐라도 보고, 싸움이라도 하고 말이래도 하면 풀어지잖아요. 근데 그 사람들은 그걸 할 줄 몰라서 안 하는 것도 아니고, 하기 싫어서 안 하는 것도 아니고, 못해서 안 하는 사람도 있어요. 예를 들어서 표현력이 부족하다든가, 어디 아프다든가, 힘이 없다든가, 정신적으로 무기력증에 빠졌다든가, 그니까 하고 싶어도 못하는 사람들이 많아요. 안 한다기보다도 못하는 사람이 많아요. 그래서 저는 그런 사람들을 이해하는 편이에요, 중간자 입장에서. 그래서 절대 나는 그 사람들을 탓하지 않고 하는 사람이라도 열심히 하자 그런 주의죠. 고런 사람들만 그렇게 끌고 하는 거예요. 그래서 강요도 안 해요, 나는. 근데 무슨 일 있으면 한번 공지는 하지. '안 하는 사람들한테 공지 뭐 하러 하냐, 알려줄 필요 뭐 있냐' 이렇게도 하는데, 근데 저는 다 해요. 안 하드래도 다 보드라고, 다 보긴 봐. 안 해도 다 봐요. 다 보고 관심 갖고 궁금해하거든. 안 움직일 뿐이지. 못 움직이는 거야. 정확하게 얘기하면 안 움직이는 게 아니라 못 움직이는 거야. 그러면 그 사람들한테 계속 정보는 주죠. 그래도 하는 사람들만, 하는 사람이래도 끊이지 않고 끝까지 끌고 갈 수 있도록, 그런 자세로 지금 하고 있는 거죠. 그런 거예요.

면담자　　　이제 앞으로 계속 질문 답해주실 건데 이 구술증언의 기록이 아버님 입장에서는 어떤 목적으로 쓰였으면 하시는지요?

수연 아빠　　　일단 제가 긍정으로 보는 것은 나중에 뭐 어떤 활용은 둘째 치더라도, 아까도 뭐 잠깐 얘기했지만은 '어떤 기록은 남겨야 된다. 개인적인 일이든 공식적인 일이든 기록은 남길 필요가 있다. 그리고 이 기록은 더 늦기 전에, 더 기억에서 사라지기 전에, 더 뚜렷할 때 그래도 기록을 해야 되지 않겠냐, 그러고 나중에 쓰임새는 그건 나중 일이지만 1차적으로는 기록은 남길 필요가 있다' 그걸 긍정적으로 생각을 했고, 그담에 나중에 활용을 한다는 것은 그래도 이런 모든 것을 종합적으로 수렴을 해가지고 나중에 우리 가족들이 인제 트라우마, 심리 치료라든가 트라우마 치료하는 데 어떤 기초 자료가 될 수 있으면 좋겠고, 이게 치료라는 게 일시적으로 끝날 게 아니고 사실 장기적으로 가야 되거든요. 장기적으로 가는 데, 또 장기적으로 치료하는 데 그런 자료가 됐으면 좋겠고, 두 번째로는 뭐 역시 우리가 가장 관심사는 진상 규명인데, 진상 규명하는 데 또 조금 도움이래도 되면 좋겠다. 물론 개인적인, 이런 뭐 어떤 이야기 가지고 진상 규명하는 데 도움이 될 수 있는지 모르지만, 전체적으로 수렴을, 요 과정으로 끝날 게 아니라, 요 취합하시는 분들이 기록하시는 분들이 힘드시더라도 시간과 인력을 투자해서, 나중에 한번 이런 거를 전체적으로 종합적으로 이렇게 정리를 해서 뭐 공통 사항도 있을 거고, 뭐 인제 진상 규명을 하는 데 필요한 자료들 이런 것들을 나중에 활용할 수 있으면, 하면 좋겠다. 그런 막연한 기대를 가지고 하는 거죠. 그렇게 하길 바라요.

면담자 　　　네.

수연 아빠 　　　힘든 줄 알겠지만….

동거차도 감시 활동 소개와 의미

면담자　저희야 뭐 괜찮습니다. 아까 말씀드린 대로 오늘 1차에서는 4·16 이전에 아버님의 삶, 아버님의 식구들의 삶에 대해서 들을 건데, 근데 그 전에 최근에 일이 많았으니까 최근 근황에 대해 여쭤보고 싶습니다. 일단 동거차도 다녀오신 걸로 알고 있는데, 동거차도 활동에 대해 소개도 해주시면서 그 얘기를 좀 해주세요.

수연 아빠　동거차도는 4월 22일부터 9일, 9일 동안 일주일간 다녀왔었죠. 그 전에는 말로만 들었지 처음 가봤어요. 가보긴 처음 가봤어요. 근데 이제 동거차도 갔을 때 가장 역시 제일 크게 와 닿았던 거는 '너무 가깝다'라는 거. 그 현장하고 섬하고, 이런 화면이나 하여튼 사진으로 본 것보다 실제 가서 보니까 훨씬 더 가깝다는 거. 뭐 거리상으로 수치적으로 뭐 1.5킬로라고 하지만, 그 현장을 가보니까 거기에는 인제 그 중간까지 미역 양식장이 있고, 4월, 5월달이 두 달간 집중적으로 미역 채취 시기예요. 아침 8시부터 10시까지 채취하는 그런 시간이거든요. 그래서 아마 참사 당일 날도 채취하는 어선들이 많이 있지 않았겠느냐, 그걸 충분히 추정할 수 있고, 뭐 어민들 증언도 있고, 그래서 그렇게 봤을 때 너무 안타까운 거지. 그냥 애들이 그냥 구명조끼까지 다 입었으니까 나오기만 했어도… 거 뭐 저기 양식장도 이제 그물이 쳐져 있어. 그물이 다 쳐져 있기 때문에 애들이 바다만 나왔어도, 바다에만 내려가 있었어도 충분히 뭐 수영을 못하는 애들이 이렇게 헤엄쳐서 얼마든지 올수 있는 거리고, 또 그 바다는 잔잔하더라고요. 잔잔해요. 일주일동안 있었는데 날씨가 맑은 날보다 흐린 날이 사실은 더 많았어요. 근데 바다는 잔잔하더라고. 그래서 미역 양식장을 하는 건지도 모르겠더라고요. 파도가 많이 치고 이 조류가 막 거세고 이러면 미역양식장 못하지. 미역이 다 떠내려가는데 어떻게 하겠어요. 거 위치적으로 지역적으로 그런 어떤 그 조건이 되니까 잔잔한 조건이 되니까 미역 양식장이 가능하다는 거거든. 실제 잔잔하고, 그런 잔잔한 바다에서 애들이 나오기만 했어도… 충분히 헤엄쳐서 나왔을거고, 헤엄을 치지 않았더라도 그 시간에는 어선들이 많았을 거라는 거예요.

나는 그 병풍도가 무인돈 줄 알았어요. 그 무인도가 많은 줄 알았더니 현지 그 저 어부들한테 물어보니까 무인도가 하나도 없대요. 다 어민들이 살고 어선들이 다 있대. 근데 이 공교롭게 또 삐잉 둘러 있어, 섬들이. 뺑 둘러 있는 거, 한가운데에. 그니까 뭐 어선만 집결해도 충분히 뭐 한 실질적으로 어선들이 거의 많이 살렸고, 어선만 다 출동했어도 애들 다 나오고 다 살았어요. 충분히 다 살았어요. 근데 그 애들이 못, 못 나오게 한 거지. 애들 9시, 공식적으로 8시 50분부터 10시 20분까지 1시간 반 동안 거의 12번을 가만 있으라고만 했으니깐, 거의 5분 간격으로 가만있으라고 했거든요. 거의 묶어놓은 거지, 그러니 애들이 나올 수가 없는 거지, 나오고 싶어도. 오히려 본능적으로 나올라 그러는 거를 움직이면 배가 더 기우니까, 움직이지 말라니까 애들이 더 복도에 나와가지고 손잡고 가만히 있었던 거지. 오히려 못 움직인 거지. 움직인 애를 오히려 탓한 거지, 애들이 오히려 더. 그니까 완전히 붙들어놓은 거예요. 붙들어놓은 상태에서 오로지 해경만 기다린 거지. 기다렸던 해경은 와가지고, 나오라 소리는, 애들이 기다리고 있는데 나오라 소리는 하나도 안 하고, 가만히 있으라고 했던 선장하고 승무원만 데리고 나온 거예요, 상황이. 그런 거 보면 참 우리 애 같은 경우는 엄마한테 [9시] 49분에 전화를 했어요. 근데 49분에 전화를 했을 때 아주, 그 일상… 일상하고 똑같이 그 전화를 했다는 거야. 거의 무슨 뭐 어디, 겁에 질린 말투나 그런 걸 전혀 못 느꼈다는 거야. 일상하고 똑같이, 평범하게.

그것은 나는 몇 번을 여러 번 생각한 건데, 엄마, 아빠를 걱정을 안 시키려고, 속이 깊어 가지고 그 걱정 안 끼치려고 그 차분하게 생각했나 했는데, '물론 그래도 그렇지, 그럴 순 없을 거다. 그나마 그만큼 믿었던 것이 아니겠느냐'[라고 생각해요]. 해경인지 왔다고 했으니까 분명히 위급한 상황인 건 알지만 자기들이 죽을 거라고 상상을 안 한 거지. '분명히 살아날 거다' 믿었던 거야. 그 시간까지고 49분에 지 엄마한테 그렇게 차분하게 평상시하고 똑같이 얘기할 수 있었던 것은 그만큼 믿었던 것이 아니냐. 근데 이제 그러고 나서 10시 이후에 인제 급작스럽게 물이 들어오고 그러니까 나오기 시작한 거야. 물이 인제 1반부터 나온 거야, 1반부터. 1반부터 인제 복도 따라서 복도가 넘 기우니까 힘든 거지, 이제 나오기가.

수연 아빠 이재복

근데 이제 나오는데, 나오는 게 기울어 있다 보니까 출입문도 거의 배 출입문은 밀어야 열리는 출입문이에요, 당겨야 되는 게 아니라 밀어야. 근데 이제 거의 기울어 있을 때 위쪽이니까 밀기가 얼마나 힘들겠어, 애, 어린 애들이, 여학생들이. 그러니까 그 미는 과정들도 엄청 힘들게 밀었을 거야. 밀고 인제 나가기 시작한 거지. 나가기 시작하다가 우리 애 앞에 애까지 나가고 우리 애부터 이제 휩쓸려서, 물이 막 들어와 가지고 휩쓸려서…. 이건 이제 다 증언을 통해서 들은 얘기고, 동영상도 다 나와 있는 거니까. 그래서 이제 그런 것들이 그 동거차도에 가서 보고 '진짜 애들이 살 수 있었다'라는 것을 확신하게 되는 거죠. 그래서 그렇게 써놨잖아요. "애들은 살 수 있었다". 더 절실하게 느껴지는 거죠. "애들은 살 수 있었다".

그래서 이제 더 해경이 원망스럽고, 해경이 한마디를 안 했어요, 나오라 소리를. 나는 해경들한테 역으로 묻고 싶어. 만약에 자기 자식이 그 안에 있다고 하면 무슨 변명의 여지가 있겠냐고, 무슨 변명을 해. 무슨 "자기가 퇴선 명령을 했어도, 헬기 소리 때문에 안 들렸을 거다" 말도 안 되는 핑계들을 하지. 그래도 "배가 너무 갑작스럽게 뭐 기어 나와가지고, 들어갈 수가 없었다. 경황이 없었다" 별 인제 말도 안 되는 핑계를 하는데 나는 역으로 묻고 싶은 거야. 자기 애가 거기 들어가 있었으면, 무슨 변명의 여지가 있겠냐고, 자기가 뛰어들어 가지는 못해도, 나오라고 소리 지르지 않았겠냐는 얘기지…. 그런 자식 부모 입장이 아니고 진짜 공직자 입장에서래도, 그렇게 직무 유기나 그렇게 할 수 없는 거라는 얘기지. 거

나오라고만 했어도, 시뮬레이션 조사도 했겠지만, 조사해서 알지만 나오라고 했었으면 6분, 애들 10분이면 다 나온단 말이야. 그 시간에 40분, 50분, 그 시간이면 10시 되기 전까지만 나오라고 했으면 아마 나왔을 거야. 우리 애들이 10시 넘어서 나오기 시작했으니까. 추정으로 봤을 때 10시 한 10분 넘은 거 같애. 우리 애가 인제 사망한 시간은 한 20분, 10시에서 20분 사이로 추정하는데, 그 시간에 나왔으니까. 아이고, 말이 길어졌는데, 하여튼 동거차도에서 인제 이제 가서 느낀 것은 그거예요, 그거고.

또 느낀 것은 이것은 그 인양 업체가 이제 샐비지, 중국 샐비지 업첸데, 믿을 수 없다는 거. 인양 작업을 하는 걸 믿을 수 없다는 거. 거의 작업을 안 해요, 거의. 거의 작업을 안 해. 그래서 인제 망원경을 보고 있는데 정확히 보이진 않아요. 정확히 보이진 않는데, 그래도 작업을 하면 뭐가 크레인도 많이 움직이고, 크레인도 많이 움직이고, 뭐 그런 밑으로 내려갔다 올라갔다 이런 작업도 보이고 해야 되는데, 전혀 그런 게 안 보이고. 공교롭게 우리가 그 내려가 있을 기간 동안에 참관을 했어요. 특조위하고 우리 엄마, 아빠하고 와가지고 1박 2일 참관하는데 공교롭게 그날 비가 억수로 많이 왔어요. 진짜 작업하기 악조건이야. 그런데 그날은 하필이면 참관을 한다고 하니까 어디 숨어 있던 사람들이 그렇게 많이 나오는지 개 떼들이 막 나오더라고. 벌떼들처럼 막 나와, 작업복 입고 막 무지하게 나와, 어디 들어갔다 나왔는지 몰라. 그 날씨 좋은 날도 그렇게 안 보이더니 참관한다 그러니까 그렇게 비가 많이 오는데도, 벌

수연 아빠 이재복

떼처럼 나와. 사람들 다 보이는 거야. 망원경으로 보니까. 그때 인제 무슨 뭐 바지선에 막 빔이라 그러죠, 바닥에 인제 설치하는 빔. 그런 것도 막 가서 끌고 오고, 아주 작업하는 거 같애, 막. 엄청나게 하드라고. 평상시에 왜 그렇게 안 하냐는 거지, 평상시에. "평상시에 했으면 벌써 하고도 남았겠다" 우리가 한 얘기는 그거예요, 저렇게 하면 될 걸 왜, 날씨 좋고 평상시에 왜 안 하냐는 거야. 왜 우리가 참관한다고 하니까 그날이 안 좋은데도 저렇게 하는 척을 하냐. 우리는 '척'이라 그러지.

그래서 그때 마침 TV에서도 인터뷰, 참관한다 그러니까 인제 취재진도 많이 따라오잖아. 거기 동거차도를 올라갔어요. 취재진도 오고 정치인들도 오고 막 그랬어. 취재도 하고 인제 그랬는데, 거기서는 또 물론 그런 얘기했지만 "인양을 솔직히 믿을 수 없다" 이런 식으로 해가지고 뭐, 막말로 7, 8월, 6월 달 넘어가고 7월 달 되면 이제 뭐 태풍 오고 비 많이 오고 그러면 그 핑계 대고 뭐 아닐 거 같다, 그렇게 되면 뭐 정부 계획은 7월말 예상이지만 진짜 그때 할지도 솔직히 의심이 가고, 믿지 못, 신뢰가 안 가고, 그렇게 되면은 또 언제 할지도 모르는, 오래 할지도 모르는데, 그래서 "이 특별법 개정을 무조건 기간 연장할 것이 아니고 반드시 인양 후 최소한 6개월을 보장해야 한다" 그것을 취재진한테도 얘기했고, 이거 뭐 부모들한테도 많이 얘기하죠. 그래서 개정은 분명히 막연한 얘기지. 그냥 기간만 연장할 게 아니고, "인양 후에 6개월을 보장해야 된다" 그걸 얘기하는 거지. 그걸, 그걸 절실히 느꼈어요. '애들은 살 수 있었다', 그다음엔 '인양을 도저히 못 믿겠다, 법 개정을 하려면 기간을 인양 후 6개월을 보장해야 된다', 대표적으로는 크게 두 가지를 느꼈죠, 동거차도 가가지고.

면담자 네, 저희는 이렇게 동거차도를 왜 가시는지 알잖아요. 근데 만약 모르는 사람한테 설명을 한다면, 아버님이 가신 게 어떤 활동인지 설명해 주실 수 있으세요? 공식 명칭이 있다면 그것도 알려주시고, 그런 게 왜 꾸려졌는지를 한번 설명해 주세요.

수연 아빠 그치, 동거차도를 왜 갈 수밖에 없었냐, 그 이유를 말씀드리면 될 것 같아요. 그 인양 업체가 인제 중국 샐비지로 선정이 돼가지고 들어왔잖아요. 처음에는 인제 들어왔으니까 제대로 할 줄 알았던 거고. 그리고 이제 우린 피해 당사자니까 그 작업하는 것을 우리는 가서 참관할 권리가 있고, 또 의무도 있고, 또 당연히 가서 참관해야 된다고 생각을 하는데 가서 보려니까 못 보게 하는 거야, 못 보게 하는 거야. 그니까 통제를 하는 거야.

면담자 실제로 가셨는데 막힌 거예요?

수연 아빠 그렇지, 갔었지. 갔는데 접근하지 말라고 인제 막 통제를 하는 거지. 그러니까 이해가 안 가는 거지. 가서 작업하는 걸 당연히 우리가 이제 볼 권리가 있는데, 다른 사람도 아니고 피해 당사자로서 어떻게 작업 제대로 하고 있는 건지, 또 뭐 궁금한 사항 이런 건 물어도 봐야 되고. 근데 바지선을 아예 못 가게 하는 거야.

면담자	그니까 아예 가까이 가지도 못하게 한 건가요?

수연 아빠　가지도 못하게 하고, 승선도 당연히 못하게 하고. 이번에 참관하는데, 또 승선 결국 못했어요. 바지선 떨어져 가지고 다른 배를 통해서[만 했어요]. 올라가질 못하게 하는 거야, 뭐 위험하다는 이유로.

면담자　그럼 가실 수 있었던 건 어디까지인가요, 정확히?

수연 아빠　그러니깐 인제 뭐, 거리상으로는 뭐 100미터 이상, 150미터, 200미터. 100미터 이내를 접근하지 못하게 한 거로 알고 있어. 정확한 거는 모르겠는데 하여튼 가까이 접근은 못한, 안 보일 정도이지. 쉽게 보이지 못할 정도의 거리밖에 못 가는 거예요.

면담자　그러니까 개별적으로 배를 빌려서 주변까지 가시긴 한 거지만 바지선에는 직접 못 가신 거죠?

수연 아빠　그렇죠. 우린 배까지 샀어요, '진실호'라고. 배까지 샀어요. 그 배를 통해서 우리가 직접 가서 보겠다 했는데, 접근을 못하게 해가지고 너무 궁금하잖아. 그래 가지고 제일 가까운 델 찾다 보니까 동거차돈 거야. 그래서 동거차도를 올라갔는데 마침 뭐 취재진이 이 설치해 놓은 뼈대가 있는 거지. 그때, 그때 우리도 처음 알았어요. 그렇게 가까이에 취재진이, 정확하게 KBS 취재진들이 당일 날, 참사 당일 날 취재하려고 거기 베이스캠프를 치고 했더라고. 그런 것들도 미리 알려줬으면 우리가 아마 들어갔을 건데,

우리 그럴 정신도 없었잖아. 이제 그런 게 있어 가지고, 그걸 활용해 가지고 동거차도[에] 그렇게 들어간 거죠. 가까이에서라도 가서 망원경이래도 보려고. 근데 그것도 가서 보려고 그러니까 작업을 등을 돌리[고 하는 거야, 그 샐비지 그 작업자들이. 물론 걔들이 일부러, 아마 시켜서 했겠지. 등을 돌리는 거야, 동거차도 쪽으로 이렇게, 안 보이게.

면담자   작업 선박을 돌렸다는 말씀이시죠?

수연 아빠   응, 바지선을. (책상 위의 지점을 손으로 짚으며) 작업, 이렇게 위치가 있으면, 이게 작업 지점이면 바지선이 이쪽에 있다가 이쪽으로 돌려가지고, 동거차도가 여기면 등을 돌려서 안 보이게 작업을 하는 거야. 그러니까 뭘 이렇게 감추려고 하는 건지, 자꾸 이제 숨기려고만 하고 은폐하려고만 하고, 그러니까 일차적으로는 우리가 하여튼 감시하는 것을 못하게 하겠다는 통제를 하기 때문에 궁여지책으로 이제 제일 가까운 섬을 찾다 보니까 동거차도를 찾게 된 거고, 그렇게 해서 동거차도를 올라가게 된 거죠, 그렇게 해서래도 보려고. 사실 보이진 않아요. 보이지도 않아요. 우리가 그래도 지켜보고 있다, 압박을 또 하려고 사실 하는 거지. 크게 실효성은 사실 없어요. 하나의, 부모들의 몸부림이죠. '제대로, 우리가 보고 있으니까 제대로 해라'. 근데 해수부에서 많이 의식을 한다고 하더라고, 그것도 의식을 한다고 하더라고, 들리는, 간접적으로 들리는 게. 신경을 많이 쓰는 것 같더라고. 신경 쓸 게 뭐 있

수연 아빠 이재복

어, 자기가 떳떳하게 하는 거지. 신경 쓸 게 뭐 있어.

면담자   그러면 아까 전에 가시기 전에는 동거차도에 대해서 말로만 들었다가 이번에 가셨다고 하셨는데, 혹시 이전에 다른 분들 갔다 오신 얘기랑 아버님이 직접 가보시니까 또 달랐던 거나, 새롭다든가 그런 거 있나요?

수연 아빠   그렇지. 아까도 얘기했는데, 얘기는 많이 들었죠. "가깝다, 엄청나게", "실제적으로 우리가 듣는 거보다는 직접 가보면 절실하게 느낄 거다" 그런 얘긴 했는데, 역시 가서 보니까 사진이랑 화면상에 보는 거보다 훨씬 가깝고, 그리고 '동거차도 주민들이 많이 도와주고 있다' 그런 거를 많이 느꼈죠, 주민들이. 글쎄, 예를 들어서 비유를 하자면, 예를 들어서 뭐 영남 지역이나 경상도였으면 이렇게까지 도와줬을까? 또 호남 지역이라 쫌 이렇게 우호적으로 해서 도와주지 않았을까? 그런 생각도 들고, 또 주민들이 많이 도와줬어. 근데 한편으로 쫌 섭섭한 것은 아까도 얘기했지만은 참사 당일 날 왜 어민들이 그렇게 적극적으로 못 나섰는지, 더 적극적으로 나서가지고 어민들이라도 애들 구조 활동을 했으면, 더 좋았을 텐데. 그렇게 가까이, 그렇게 가까운지 몰랐어요, 너무 가깝더라고. 동거차도에서 현장까지 어선으로 30, 20분. 20분이 뭐예요. 10분, 15분이면 가요. 그러고 병풍도도 더 가깝고, 바로 병풍도 근처니까. 주변에 섬들이 그렇게 많더라고. 한마디로 삥 둘러 있어. 그렇다고 무인도도 아니래. 다 사람 사는 덴데, 아무래도 물론 통제를 했겠지. 근데 통제를 한 자체도 이해가 안 가고. 해경이 왜 통제를 했는지 이해가 안 가고. 통제를 했으면 자기들이 구하기를 했든가. 구하지도 못하고 왜 통제를 했는지. 거의 막바지 가가지고 어선들이 가서 구한 거 아니야, 애들이 막 나오니까, 본능적으로 나오니까.

면담자　　　네. 동거차도에 대해서 마지막으로 여쭤볼게요. 동거차도에 일주일이나 계셨잖아요. 그때 취재가 오는 등 다른 일상도 있었겠지만 보통 하루가 어떻게 되셨는지, 그런 것 좀 말씀해 주세요.

수연 아빠　　　하루는 참 무료해요. 거기가 그니까 문명의 혜택을 못 받는 거지, 무슨 뭐 TV를 볼 수도 없고. 그러니까 우리가 세 명이 들어갔는데, 한 명은 인제 거의 망원경을 봐야 되고, 망원경도 계속 보진 못[하니까], [보이는 게] 똑같으니까 작업 안 하니까]. 뭘 해야 무슨 망원경으로 봐서 기록[하죠]. 물론 기록도 해야 돼요. [기록]하고 뭐 특별한 거 있으면 막 촬영도 하고, 증말 뭐랄까, 이거 동영상으로 돌려가지고 찍기도 하고 이러는데, 거의 뭐 변화가 별로 없으니까 계속 지켜보는 것도 아니야. 그러니까 좀 무료하지. 무료하고, 심심하고, 그니까 진짜 거기는 서로 마음 편한 사람끼리 가야돼. 불편한 사람끼리 가면 진짜 견디기 힘들 거야. 마음 맞는 사람이랑 가가지고 그나마 같이하고 견디고 그러지. 생활하는 것은, 씻는 거는 거의 뭐 못 씻고, 내려가서 숙소가 있긴 있어요. 거의 한

20분 내려가야 되니까. 내려가면 올라오는 것도 한 20~30분. 올라오는 데 20분, 내려가는 데 15분, 그렇게 길진 않아. 근데 비 많이 오면 미끄러워 가지고 내려갔다 올라오기 힘들지. 그래서 거의 안 내려가. 그래서 인제 한 번 정도, 한두 번 정도 씻는 거 땜에 어쩔 수 없이. 불편하죠, 먹는 것도.

면담자   식사는 어떻게 하세요?

수연 아빠   식사는 제대로 못해요. 인스턴트 덮밥 이런 거. 전자레인지는 하나 갖다 났어. 그래서 전자레인지 해서 데워가지고 바로 그냥 햇반, 햇반에다 이제 덮밥 같은 거, 그게 잘 먹는 거여, 그게. 덮밥 이렇게 해서. 물론 뭐 부탄가스라든지 있으니까 라면 같은 거 끓여 먹고 그러는데, 씻질 못하니까. 그래서 제대로 요리 같은 걸 못하는 거지. (전화 통화로 잠시 중단)

4
교실 존치, 제적 문제 등 참사 이후 단원고와의 소통 양상

면담자   네. 그럼 동거차도 얘기는 일단 마무리하겠습니다. 이제 최근 근황 중에 중요한 것이 단원고 교실이잖아요, 학적 문제도 있었고. 그런 얘기를 좀 여쭙고 싶습니다. 아버님은 어떤 활동을 하셨는지요?

수연 아빠   학교는 우리 부모들도 아마 개인 의견들이 조금씩은

틀릴 거예요, 생각하는, 바라보는 시각이라든가 틀리고. 저 같은 경우에는 원래 참사 이후에는 학교를 신경을 못 썼었어요. 정부에 대한 반감, 비판 이런 거 때문에, 정부 쪽에만 상대를 많이 하고 거기에 대한 대항하는 데 투자를 많이 했지, 학교는 어떻게 보면 같은 피해자로 생각을 했어요. 같은 피해자 입장에서 알아서, 다 알아서 하겠거니. 그래서 학교는 사실 좀 믿고, 신경 많이 못 썼죠. 아마 대부분, 나뿐만 아니라 대부분 부모들이 그랬을 거예요. 14년도는 그렇게 흘러갔죠. 그러다 15년부터 이제 '학교는 어떻게 됐나' 그니까 눈을 돌려본 거지. 근데 전혀 움직임이 없더라고. 한두 명도 아니고 250명, 학교가 무슨 뭐 물론 일부러 그러진 않았겠지만, 본의든 아니든 학교로 인해서 우리 아이들이 희생이 됐잖아. 그럼 거기서 책임이 자유롭진 못할 텐데, 그렇다면 아이들을 추모하고 기억할 수 있는 안을 먼저 제시를 해야 되는 것이 당연한 거고, 학교가 뭔가 그런 측면에서 좀 움직임이 있어야 되는데 없는 거야. 그래서 내가 알기론 작년 초부터 얘기를 이렇게 시작한 거로 알고 있는데, 전혀 움직임이 없었던 거지.

근데 그래 가지고 작년 9월인가 우리가 안을 제시한 거지. 이 교실을, 교실이란 것은 말 그대로 그냥 일반 단순하게 그런 교실이 아니고 우리 아이들의 체취와 흔적과 모든 그 추억이 묻어 있는 그런 교실이잖아요. 그래서 이 교실을 그렇다고 해서 영구히 이걸 무슨 뭐 놔두겠어요. 영구히 이걸 보존한다는 그런 입장은 아니었어요. 일시적으로 보장을 하고, 그다음에 그에 준하는 뭔가 다른 대

수연 아빠 이재복

안을 찾아야 되는 거 아니냐. 학교에 계속 놔둬야 된다고 그렇게 뭐 이렇게 고집하는 건 아니지만, 그렇다고 해서 빨리 또 이걸 흔적을 없애는 것도 사실 또 그렇게 하는 것도 아니고. 최소한 내가, 나도 얘기하는 것은 아이들이 아직 안 올라왔으니까 애들이 올라오고 애들하고 선생님들이 다 올라오고, 그리고 이 합동 분향 다 하고, 그리고 인제 그 우리 추모 공원 부지까지는 마련하고, 그러면 인제 올해 말이나 내년 초예요. 그때까지는 그래도 남겨야 되지 않겠느냐, 그리고 거기에 그거를 거기에 준하는 기억교실을 이전해도 기억을 할 정도의 대안을 내놓는다, 그러면 이전해야 되지 않겠냐는] 생각을 하고 있었는데, 근데 그런 대안이 전혀 없었던 거지. 그래서 우리가 작년 9월 달에 안을 내놓으니까, 그제서 겨우 교육청에서 인제 제시한 게 "민주시민교육관을 건립해 주겠다" 그렇게 얘기한 거 아녜요. 우리가 안을 제시한 것은 비용적인 면에서도 우리가 더 적고, 근데 교육청에서 제시한 것은 훨씬 더 많죠. 비용도 많고, 현실적으로도 좀 어렵고, 부지를 다시 또 마련해야 되잖아. 부지 또 마련하려면 지역 주민하고 마찰이 어쩔 수 없이 또 있어야 된다고. 왜냐면 공원이 침해가 되기 때문에, 공원 쪽으로 길을 다시 내고 지금 길 쪽에다가 그거를 설립하겠다는 건데, 그거를 뭐 지역 주민하고 합의 본 것도 아니고. 결국 또 지역 주민하고 우리하고 또 싸움이 되는 거거든. 그건 현실적인 안이 아니라고, 그래서 그걸 우리가 거부했단 말이지.

우리가 서둘렀던 이유도, 인제 올해 초면은 인제 학생도 뽑아야 될 거고 그렇게 되면 교실 문제도 있을 건데, 그래서 우리가 서두른 거야, 사실은. 시간 자꾸 가고 뭘 하려면 건물을 지을 시간도 있어야 하기 때문에, 9월 달에는 빨리 서둘러야 건물도 짓고, 하다 못해 교실 부족하면 증축하고 하려면 겨울에 한다고 해도 그때쯤엔 해야 하기 때문에, 우리가 기다리다 기다리다 기다리다 못해가지고 우리가 이제 안을 내놓은 거거든. 그제야 그때 나온 건데 현실적인 대안이 아닌 거죠. 그래 가지고 인제 거부를 사실 했던 건데, 그렇다고 뭐 우리 입장만 생각을 하고 뭐 계속 또 이제 고집할 수는 없는 거고, 합의를 본 거잖아요. 사회에서 합의해 가지고, 교실, 아니 학교, 교육청, 학부모 또 우리 종교계까지 다 해가지고 교실 협의체를 구성해 가지고 사회적 합의를 본 거잖아요. 어떻게 보면은 우리가 통 크게 양보를 한 거지.

전체적인 거를 다 고려를 해서 합의점을 찾아가지고 협약서를 인제 체결하고 그러고서 인제 순차적으로 교실 이전을 하려고 했던 건데, 협약서 체결하기도 전에 이제 이삿짐센터 막 들어오고 그런 거야. 근데 이사도 사실은 그 우리 아이들 흔적을 그대로 남기기 위해서는 그냥 이삿짐센터로 하면 안 되거든요. 무진동 차라든가 해가지고, 전문적으로 특수 이사를 활용해 가지고 해야 되는데도 불구하고, 그냥 막 이삿짐 막 싸듯이 막 들어와 있는 거야, 차하고 박스하고 막 이런 것들이. 거까지는 좋았는데 뭡니까, 또 이번에 그 사태가 터졌잖아요. 이미 제적을 시켰던 거 아니야. 명예 졸업도 못했는데 애들을 두 번 죽인 거잖아. 애들을 두 번 죽인 상황이고, 그것도 절차적으로 하자가 있는 거지. 사전에 제적을 시킬 때에는 최소한 부모들한테 통보를 해야 되는 것이 절찬데, 그런 절차를 다 무시하고 일방적으로 애들을 다 제적시키겠다고 하는 것은 애들을 두 번 죽인 것뿐만 아니라 그 부모들을 기만한 거잖아요. 그니까 도저히 이거는 받아들일 수 없는, 인정할 수 없고 받아들일 수 없는 상황이라서 불가피하게 우리가 인제 요구를 한 거지. 시위 아닌 시위를 한 거지, 학교 가가지고. 그래서 인제 '절차상에 문제가 있는 거다, 그리고 이건 관련자가 와서 사과를 해야 되고 그거 제적은 다시 복원시켜야 되고, 그리고 재발 방지를 해야 된다. 다시는 또 이런 일이 발생하면 안 되니까 재발 방지를 해야 되고 그렇게 하면, 하고 났을 때 이제 협약서대로 어떻게 할지 다시 논의를 해야 된다'[고 요구한 거지].

그래서 인제 요번에 그런 일이 생겼던 거죠. 그래서 인제 민주시민교육원 그거로 옮기게 됐지만 옮기는 것도 저는 '그 교실을 그대로 복원시켜야 된다' 하는 입장이에요. 그것도 좀 부모들이 의견이 분분한데, 나는 그 교육원 하나 설립한다는 것이 무슨 의미가 있겠어요. 거기 건물 하나 짓는다는 거 괜히 지역 주민들하고 마찰 일어나면서까지 건물 하나 짓는 건 난 '의미 없다. 그럴 거 같으면 안 짓는 게 낫다. 돈 많이 들여가지고 뭐 맨날 세금 도둑이니 뭐니 뭐 세금 낭비한다고 그러는데, 굳이 뭐 그럴 필요 없지 않냐, 차라리 그 돈으로 추모 공원을 [더 잘 마련]하는 게, 더 활용하는 게 낫지, 의미 없다. 교육원을 차라리 질 바에는 진짜 그 교실을 기억하고,

추모하고, 또 교육을 안전 교육을 이렇게 할 수 있는 그런 체제를 만들 수 있는 그런 교육원을 설립을 해야 되고, 그러는 측면에서 하려면 있는 교실을 그대로 복원을 시켜야 된다'[라고 생각했어요]. 물론 그렇다고 해서 100프로 애들을 흔적이나 체취까지 그대로 이전할 수는 없는 거지만, 그래도 애들이 있던 공간을 그대로 복원을 시키면서 '애들이 이런 곳에서 이와 같은 곳에서 공부를 했다'라는 것을 보여줄 수 있고, 또 오는 분들한테 그런 걸 보여주면서 '안전에 대한 어떤 교육에 대해서 또 생각할 수 있고, 또 의미를 찾을 수 있기 때문에 그 정돈 해야 된다'. 근데 고거는 아마 쫌 더 논의를 해야 될 필요는 있어요. 근데 거의 인제 의견은 그렇게 좀 방향은 잡고 있는데 나중에 설립하고 나가지고 한 2년 이상 걸린다 그러더라고. 설립하고 나가지고 어떻게 이사할 건지는 뭐 더 논의를 해야 될 거 같아요.

면담자   학교에 신경을 못 쓰셨다고 하셨잖아요, 같은 피해자 입장으로 생각을 하셨다가 전환하셨다고. 근데 그 이후에 그럼 학교랑 부모님들은 어떤 식으로 소통을 했는지요? 소통의 루트가 정확히 어떻게 되는 건가요?

수연 아빠   글쎄, 일반 부모들은 거의 몰랐죠. 물론 저 일부는 대책위, 그 당시에는 가족협의회가 아니라 대책위였지, 2014년은, 대책위하고도 아마 소통이 별로 없었던 거 같아요. 한마디로 신경을 못 썼어요, 학교는.

면담자   그냥 정말 따로 움직이고 있었군요.

수연 아빠   네. 학교도 아마 우리가 신경을 안 쓰니까 우리도 의식을 안 했던 거 같애, 한마디로. 무슨 정신이 있겠습니까. 자식 잃고, 부모들이 무슨 이성, 이성적으로나 합리적으로 생각했겠어요. 오로지 인제 애들이 왜 죽었나, 그거라도 인제 알려고 쫓아다녔던 거지. 그러니까 거기다 인제 학교는 신경을 못 썼던 거지. 이제 2015년 들어와 가지고, 인제 주위 돌아보면서 학교도 보게 된 거 같애. 모르겠어요. 그 전에 대책위 집행부하고 이렇게 교류가 있었는지 모르겠지만, 없었던 거 같애. 아마 교류가 있었으면 이렇게까지 안 왔겠지. 학교를 믿고 그냥 알아서 하겠거니 그렇게 생각했던 거 같애. 나도 그랬고, 학교까지 생각을 못 했었어요.

면담자   그러면은 인제 농성에 참여하시거나 이런 것은 가족 분들 내에서 연락이 가면은 모이시고 그런 거죠? 부모님들이 현재 학교 측과, 예를 들어 교사나 누군가랑 직접 소통을 하지는 않는 건가요?

수연 아빠   그 교실, 저 교실에, 학교에 그 시위하고 그럴 때? 그거는 학교 측에서 통보받고 간 게 아니고, 가족 대, 가족협의회에서 연락이 오고 시간 나는 사람들이 갔던 거지. (전화 통화로 잠시 중단)

면담자   그러니까 실제적으로, 학부모님으로서 학교와 직접 소통을 할 일은 없었던 거예요?

수연 아빠　　　가족협의회 회의에 들어가는 사람은 있었어요. 그 이후에 이제 협약서 관계로 해가지고 위원장 비롯해 가지고 임원 몇 명 들어가곤 있었어요. 근데 그 소통을 한 지가 몇 개월 안 된 거지. 거의 9월 이후로 10월 달에 교육청에서 민주시민교육원, 그 안을 제시하고부터 '이거 아니다. 이거 받아들일 수 없다' 해가지고 인제 서로 논의가 됐던 거지.

면담자　　　제가 계속 이걸 여쭤보는 이유는, 학생의 학적을 변동을 하려면, 그러니까 제적 상태로 변동을 하려면 부모님한테도 말을 해야 맞지 않나 하는 생각이 들어서요.

수연 아빠　　　그렇지, 제적 사항. 제적 사항은 전혀 통보가 없었던 거지. 그거는 전혀 통보가 없었고, 얘기는 들으셔서 아실 거로 아는데, 저 협약 쓰는 당일 날 우리 3반에 어떤 엄마가 무슨 특별한 이유가 있어서가 아니고 갑자기 학적부가 궁금하더라는 거야. 그래서 그걸, 예를 들어 협약서가 오후 2시면은 오전 10신가 가서 떼 보기로 한 거예요. 떼보려고 했던 거예요. 그러니까 애들이, 우리는 [희생된 아이들이] 시켰다고 생각을 하는 건데, 가서 인제 우리는 떼본 거지, 떼본 건데. 거기서 담당자라는 사람이 그랬다는 거예요. "이 학생들은 우리 학교 학생들이 아닌데요?" 그런 식으로 이야기했다는 거예요. 그래서 이게 무슨 얘기냐, 학적부를 달라 그러니까 인제 학적부에 제적 처리가 됐다는 거지. 그러구서 협약서는 진행이 된 거예요. 협약서는 인제 진행이 되고, 체결이 되고 나서, 더 정확하게 구체적으로 [제적 처리를] 확인해 가지고 제출이 돼 있기 때문에 이제 엄마, 아빠들이 이거를 분개를 한 거지. '있을 수 없는 일이다. 어떻게 통보도 없이 애들을 학교서 지워버리냐', 아주 서류 상으로도 지워버린 거 아니에요. '교실도 그렇게 다 흔적도 없이 지우려고 하더니, 아주 문서적으로도 삭제를 시켜버린 거 아니냐', 인제 이거는 그렇다고 '부모들에게 통보한 것도 아니고, 알려준 것도 아니고, 학교가 일방적으로 그럴 수가 있느냐, 이거는 있을 수 있는 일이 아니다' 그걸 어떻게 참을 수가 있어요, 부모들이. 애들을 그냥, 그냥 제적이란 건 뭐냐면 그냥 지워버린 거 아니야, '이 학교 학생들이 아니다[는 거죠], 하고서. 그걸 얘기라도 해줬으면[몰라도], 얘기도 안 하고. 있을 수 없는 일이잖아요. 명예 졸업도 시켜준다고 했는데, 명예 졸업이 의미가… 명예 졸업도 못하는 거예요. 애들이 없는데 어떻게 명예 졸업을 해. 거기서 관계자들이 선생이란 건데, 선생이란 사람들이 표현을 그렇게 했는데 "여기 학생이 아니"라고, "여기 학생이 아니"라고 했다는 거 아니야. 그 학교 선생도 그렇게 생각을 하는데, 그니까 너무 우리가 그렇게 주장하고 요구하고 한 내용하고 너무 동떨어진 거 아니야.

우리는 '교실까지 지켜달라'는 거였었고, '명예 졸업, 나중에 애들 올라온 다음에 같이 명예 졸업 시켜달라'는 거였는데, 벌써 보이지 않는 학교 측에서는 애들을 벌써 서류상에서 다 지워버리고, 학교에서 빼려 그러고, 협약서 체결하기도 전에 이삿짐센터 들여가지고 빼내려 하고 이렇게 했다는 거 아냐. 그러니까 완전히 부모들

45
•
1회차

기만하는 거지, 속이고, 말도 안 되는 거야 이건. 있을 수 없는 얘기고. 그리고 학교를 믿었는데, 참사 그해만 해도 우리는 믿고 신경도 안 썼어요. 거기는 우리 학생들만 희생된 게 아니고, 교사도 희생이 됐잖아. 그러니까 이거는 같은 피해자로 신경도 안 썼다니까. 알아서 하겠거니, 학교가 뭐 같은 피해잔데, 똑같은. 그렇게 생각했는데 벌써 딴생각을 하고 있었다는 거예요. 뭐 교장 바꿨지, 선생 다 바꿨지, 완전히 물갈이 다 시키고 완전히 흔적 지우려 했던 거예요. 계획적으로 국가에서, 교육부에서, 교육청에서 했던 거죠. 근데 그걸 다 알게 되니까 인제 부모로서는 그냥 있을 수 없었던 거죠.

면담자 그거랑 관련해서 그럼 참사 이후에, 학교 측에서 부모님들에게 연락이 올 일이 전혀 없었던 건가요? 어떤 소통도 없었던 건가요?

수연 아빠 그렇죠. 그 이후로는 2015년도에 우리가 초부터 관심을 좀 가졌던 거 같은데 그 전에는 전혀 없었고, 우리가 인제 학교 측에 어떤 그 안이 뭐냐면, 초부터 얘기를 했을 때도 전혀 이제 얘기 없었던 거지. 없어서 우리가 인제 안을 제시한 거예요. 9월 달에 도저히 기다릴 수 없으니까 나중에 인제 올 초가 되면은 학기, 신학기 들어서면은 더 큰 혼란이 올 게 우리가 [보기에] 뻔하기 때문에 우리가 나서서 또 한 거야. 팽목항에 있을 때하고 똑같애. 구조활동 못해가지고 우리가 제시한 거거든. "어떻게 어떻게 구조해라", "일단 바지선 있으니까 배가 침몰하지 않도록 잡고 있어라" 이런 것도 우리가 제시했고, 기술적으로. 우리가 다 제시[했지]. 똑같애, 지금. 다 손 놓고 있으니까 우리가 얘기하는 거야.

우리가 용역 사가지고 설계 용역 해가지고 모든 걸 설계를 해서 제시까지 한 거야. 금액하고 비용까지, 기간하고 디자인 어떤 설계 도면까지 다 제출을 한 거야. "이렇게 하면 된다" [하고]. 그제야 학교 측에서 더 많은 비용을 들여가지고 이렇게 해주겠다, 안을. 진작 그런 걸 안을 내놓고, 협의를 봤으면 뭔가라도 나왔을 거란 얘기지. 이렇게까지 안 왔을 거란 얘기지. 전혀 손 놓고 있었다는 거예요. 그러니까 행정 자체가 교육도 그렇고, 모든 우리나라 행정이라는 게 그렇게 무책임하고 안일해요. 피해자 입장에서 생각하고 해야 되는데 피해자를 어떻게 보면 그냥 무시하는 거지. 피해를 입었으니까 '그냥 넘어가라' 이런 식으로 그냥. 그냥 넘어갈 수 있는 사항이 아니잖아. 근데 또 이런 일이 일어나는 거야.

5
수학여행 준비 과정

면담자   원래 오늘 1차 구술의 핵심은 이전의 삶을 여쭤보고 보통 마지막으로는 수학여행 가기 전에 수연이와 같이 준비하셨던 거, 그리고 수학여행에 대해 어떻게 알고 계셨는지에 대해 질문을 해요. 그런데 지금 학교 얘기가 나와서 수학여행 얘기를 먼저 하는 게 맞는 거 같아요. 그때 수학여행에 대해서 어떻게 알고 계셨는지 그런 것을 조금 얘기해 주시겠어요?

수연 아빠   근데 보통 아빠들은 아마 비슷할 건데, 애가 수학여행 간다는 얘기만 사실 뭐 들었지, 나도 뭐 디테일하게 구체적으로 솔직히 신경을 못 썼어요. 저도 학창 시절 때, 고등학교 때 제주도를 갔었어요. 근데 목포에서 배를 타고 갔었거든. 나 그 생각을 왜 못했는지 몰라. 왜냐면 대전에 있었기 때문에, 대전에 있었기 때문에 목포에서 배 타고 간 거였는데, 난 그 생각을 했어. 배를 목포에서 타고 가는 줄 알았어. 인천에서 가리라곤 생각도 못했어요. 근데 그런 설문 조사를 통보를 했다는데 통지서를 못 봤어. 내 무관심인지는 모르지만, 나는 뭐 인제 또 내 하는 일에만 신경 쓰고 그러니까 자세히 사실 못 봤어요. 애 인제 수학여행 가면, 그 수학여행 가기 얼마 전에 애가 그러더라고. "아빠 가야 돼?" 그러더라고. 근데 이런 질문을 나만 받은 게 아니라 부모들이 몇 사람 받았다고 그러더라고. 우리 학창 시절에서는 이런 질문을 상상을 못하거든. 그냥 가면 가는 거로 알고 있는데, 애들이 그걸 물어보고, 우리 애도 나한테 물어봤어.

면담자   수연이가 가야 되냐고 물어봤어요?

수연 아빠   어. "아빠, 학교에서 제주도로 수학여행을 가는데 가야 돼?" 그러더라고. 그래서 난 "당연한 거 아니냐" 그런 거지. 아니 "학교, 수업, 학업의 연장이고 또 추억인데, 당연하게 가는 거지, 그걸 뭘 물어볼 거라고 물어보냐" 탁 잘라서 내가 그랬어요. 쫌 후회 되는 거야. 왜 그런 질문을 했는지 한 번 더 되물어봐야 되는데, 왜 내가 그렇게 탁 잘랐는지 그게 원망스러운 거야. 그럼 본인이 무슨 생각이 있었을 텐데, 그러면 충분히 그걸 존중하고 했었어야 되는 데, 일언지하에 "그건 추억이고 학업의 연장인데 당연히 가야 되는 거 아니냐, 가야 된다" 그랬더니 그때부터 인제 준비를 하는 거야, 애도. 막 애도 들뜨고, 막 그런지 몰라도 막 쌔[새]거 옷도 사고, 가 방도 사고. 저기 뭐야, 그 캐리어가 없어 가지고 캐리어까지 빌렸 는데, 큰 걸 또 빌려와 가지고 거기에 막 다 채워서 옷도 다 쌔[새] 거로 해가지고 갔어요.

당일 날도 내가 항상, 우리는 내가 출퇴근을 같이 했거든. 가는 길에 저 직장이 있어 가지고, 단원고를 결정한 것도 어떻게 보면 그것도 영향이 있었는데, 직장이 고잔동이다 보니까 지나는 길이 잖아, 그래서 맨날 데려다줬어. 또 [아이가 학교에서] 올 때 또 나는, 야자 끝나고 10시에 끝나거든요, 그러면 집에 왔다가도 일부러 가 요. 왜냐면 늦게 또 야근할 때는 뭐 또 회식할 때도 나는 우리 애 데리고 왔으니까, 야자 끝나고 항상 데리고 왔으니까. 그 낙으로 살았어요. 나는 어떻게 보면 애 데려다 주고 데리고 오고 그 낙으 로 살았어요. 그래서 그날도 이제 데려다 주는데 14단지에서 뭐 친 구하고 같이 간다고 내려달라는 거야. 그래서 난 출근 시간도 있고 해서 힘든 줄은 알지만 어떻게 갈 수 있겠냐 그래서, 간다고 약속 했다고 친구들이랑 같이 간다 그래 가지고 14단지에 내려주고 난 출근했지. 그게 14일이지, 14일. 그게 또 맘에 걸려가지고 잘 갔는지 걱정이 돼서 14일 날 오후 3시 반에 전화를 했더니, 이제 출발한다고 버스라고 하더라고. 그래서 나는 캐리어 그거 무거운 걸 어떻게 끌고 갔는지 걱정이 돼서 전화했는데, 뭐 힘 안 들었다고 얘기를 하더라고. 그래서 인제 마음을 놓고 잘 갔다 오라고, 그게 마지막이었지. 그래서 수학여행 통지를 인천에서 배 타고 간다는 걸 좀 내가 그런 것도 자세히 보고 그랬어야 됐는데, 그냥 수학여행 간다는 것만 알았지 자세히를 못 봤어요. 근데 아마 다들 그랬을 거예요. 누가 그걸 자세히 보나요? 지 엄마가 보고 그러지. 뭐 아빠는 직장 다니면서 일 신경 쓰고 그러다 보니까 자세히 못 봤지.

근데 사실 그런 것도 학교에서 어떻게 보면 설문 조사 같은 것도 하고 그랬어야 되는 거야. 배를 타고 가야 되느냐, 비행기를 타고 가야 되느냐, 그랬으면 우리는 비행기를 타고 보냈을 건데. 배는 인천에서 어떻게, 배를 그렇게 멀리를, 그렇게 긴 시간을 타고 가냐고, 차라리 버스 타고 목포 가가지고 목포에서 배 타고 가면 금방인데. 나도 학교 다닐 때 제주도 여행 갈 때 그렇게 갔지만 목포에서 가면 금방 가거든, 30분이면. 카페리호 큰 거 타면 1시간, 1~2시간 걸리나 가거든요. 그게 훨씬 빨랐는데 난 왜 그 생각만 했는지 몰라. 인천에서 배 타고 가는 거 상상도 못했어요.

면담자 　　　인천으로 가는 거 나중에는 알고는 계셨죠?

수연 아빠 　　　나 몰랐다니까.

면담자　　　그냥 배라고만 생각하신 거예요?

수연 아빠　　　그것도 몰랐어, 배도 몰랐어요. 난 그냥 제주도 간다는 것만 생각하고 내 추정으로 아까도 얘기했지만 목포에서 가서 목포에서 배 타고 가는 줄 알았다니까, 내가 갔듯이. 왜 그렇게 했냐면, 그러니까 신경을 자세히 못 썼던 거야. 아니 애가 이렇게 될 줄을 상상이나 했냐고, 어디. 그때는 상상을 못 했지. 그냥 '아, 제주도 간다' 이렇게만. 그래서 '재밌게 놀다가 와라' 이렇게만 생각을 한 거지. 뭐 인천에 몇 시에 가서 배를 무슨 세월호를 타고, 이렇게까지 구체적으로 알려고도 안 했고, 그때 당시만 해도 알 필요도 사실 없었던 거고 그랬던 거지.

면담자　　　아마도 어머님은 그래도 쪼끔 더 아셨겠죠?

수연 아빠　　　엄마는 이제 알았다 해요. 엄마는 뭐 인천에서 가서 한 거를 알았다고 하지만은 그러려니 한 거지 뭐.

면담자　　　알고 그냥 받아들이신 거죠?

수연 아빠　　　그렇죠. 네, 그런 거죠. 알았어도 학교 선생님들 가니까. 다들 그랬잖아요. "뭐 선생님 말 잘 들어라" 그러고 "잘 지내다 재밌게 놀다 와라" 그러고 그것뿐이지. 그런 걸 뭐 상세, 자세히 들여다보면서 무슨 배로 가며, 뭐 몇 시에 출발하며, 뭐 얼마나 걸리며 그날 날씨는 어떻고 이런 거 다 생각하나요? 이럴 줄 알았으면… 가지도 못하게 했겠지만. 그리고 그날 안개가 껴서 배를, 배에서 내려왔을 때 그냥 [집으로] 보냈어야 되는데, 밥을 먹여서라도 데려다 들여보내고, 또 무리하게 또 안개 꼈는데도 유일하게 세월호만 출항을 시키고…. 참… 막을 수 있는 시간들이 참 많았는데 다 그걸 놓친 것들이 너무 안쓰럽죠. 침몰하고 나서도 애들 구조할 수 있는 결정적인 그 기회를 두세 번 있었잖아요. 둘라에이스호 선장이 나오라고까지 했잖아요. 자기들 배에 다 태울 수 있으니까 나오라고. 그 세월호 선장하고 승무원한테 교신을 하면서, 그때만 해도 나왔으면 다 구조했을 텐데 왜 안 내보냈는지 해경 올 때만 기다렸다는 거 아냐. 아 그럼 해경 왔으면 뭐 조치를 해야지. 그렇게 기다렸던 해경이 왔는데, 퇴선 명령을 했으면 다 나왔으면, 또 그 기회인데도 퇴선 명령을 또 안 하고. 그러니까 이해를 못하는 거예요, 이해를. 그 침몰하는 원인도 여러 가지가 의혹이 있잖아요. 그냥 조타 미숙으로 해가지고 급변침해서, 고박 제대로 안 돼 있는 컨테이너 풀려가지고 쓰러져서, 단순히 그게 이유일 수가 없잖아. 그런 것들 때문에 인제 진상 규명을 해야 된다는 거고.

6
안산 거주 과정과 구술자의 고향 및 출생 배경

면담자   순서가 조금 이상하긴 하지만 다음 질문을 하겠습니다.

수연 아빠   제가 말을 막 두서없이.

수연 아빠 이재복

면담자 　　　아니에요. 전혀 그렇지 않아요. 오히려 잘 말씀해 주시고 계세요. 제가 오히려 최근 근황부터 여쭤보다 보니까 워낙 옛날 얘기랑 큰 얘기가 다 나와서요. 아버님 고향이 대전이신 거 같은데, 안산에는 그럼 언제 오시게 된 건가요?

수연 아빠 　　　안산에는 우리 집, 나는 전문 건설 회사 다녔었는데, 지사가 대전에 있었어요. 거기서 생활하다가 거기 회사가 통폐합하는 바람에 95년도에 올라왔죠. 95년도에 서울에 올라왔어요. 서울에 여의도에 본사가 있어서 거기서 생활했었는데, 96년도에 그때 한창 뭐 IMF 시기라서 회사가 어려워지고 이래 가지고 공장이 안산에 있다 보니까 통폐합을 했지. 그러다 보니까 96년도에 내려오게 된 거죠, 안산으로. 96년도에 내려왔죠. 96년도에 내려오자마자 인제 그때 사실 늦게 결혼했어요. 96년도에 결혼을 해가지고, 97년도에 우리 외동딸이 인제 외동딸, 말하자면 애 하나만 보고 살은 거지.

면담자 　　　아버님, 결혼하신 해에 나이가 어떻게 되셨죠?

수연 아빠 　　　서른둘에 했지. 늦게 했어요.

면담자 　　　어떻게 보면 IMF 영향으로 안산에 오시게 된 거라고 할 수 있나요?

수연 아빠 　　　그렇게 된 거죠.

면담자 　　　그 당시에도 그렇게 생각하셨어요?

수연 아빠　　　그렇지. 다 그것 때문에 IMF 오기 전부터 회사 다들 경제적으로 어려웠잖아요. 어렵다 보니까 이제 대전에 지사도 문을 닫게 되고, 그래서 본사로 올라왔던 거고, 본사도 또 뭐 경제적으로 어려워 가지고 그때 막 구조 조정하고, 그러다 보니까 통폐합하고, 그때 인원도 많이 막 감축되고 그랬거든. 그래도 뭐 그때만 해도 살아남은 것만 해도 다행이다 생각하고 그랬거든. 그러니까 뭐 다들 어려워 가지고 다들 일만 생각하고 살았지. 앞뒤 뭐 우리가 가렸나요? 일만, 일만 하고 살았던 거예요, 일만 하고. 그러고 애 크는 것만…. 그니까 일한 것도 뭐 애 키우는 것 땜에 일한 거지 뭐. 애 때문에 그렇게 살아왔던 건데, 애를 잃고 나니까 뭐 완전히 우리는… 뒤집어진 거지 뭐. 인생이 끝난 거지. 미래가 없어진 거잖아요. 희망이 없고 의미가 없는 거지. 그니까 우리가 시간, 시간이 멈췄다는 게 그냥 하는 얘기가 아니에요. 그날로 우리는 멈춘 거야. 그리고 그날로 그 전의 이 사회하고는 완전히 단절된 거야. 그 전의 사회, 인간관계 다 끝났잖아요. 친구도 제대로 못 만나지, 직장 동료도 못 만나지, 만나자 해도 안 만나. 왜냐면 얘기를 못해, 얘기를 하면 벌써 한 10분만 얘기하면 이게 안 맞어, 틀어져.

　근데 우리 엄마, 아빠들은 애를 잃고서 만났잖아. 만난 지 2년도 안 됐잖아. 근데 또 통해, 꼭 친구, 어떤 진짜 형제처럼 통해. 그게 마음이 통해서 그런 거야. 마음이 중요하더라고. 자식을 잃은 마음이 똑같잖아. 그 사람이 어떻게 살아왔든, 그 사람이 살아온 과정이 뭐 진짜 난잡하게 살았든, 깡패처럼 살았든, 진짜 고상하게 살았든, 뭐 어떻게 살았든 간에 자식 잃었다는 그 하나 때문에 다 형제가, 가족이 돼버리는 거야. 그래서 오히려 더 편한 거야, 이 유가족들 만나는 게. 그래서 그 전에 가졌던 모든 인간관계랑은 다 깨지고 새로운 유가족들과의 삶이 시작된 거예요. 그니까 완전히 달라진 거지. 생활 패턴도 틀리고, 인생관도 틀려지고, 모든 사고방식이나 모든 인생 자체가 틀려진 거야. 왜냐면 다 잊어버렸으니까. 죽지 못해 사는 거지. 죽으려고도 많이 했을 거예요, 나도 죽으라고 했으니까.

근데 사는 이유는, 사는 이유는 애 때문에 사는 거예요. '애가 어떻게 생각할까, 과연' 그런 생각이 들더라구. 우리 애를 생각하다가 어느 날 진짜 죽고 싶었는데 '우리 애가 막 옆에 있었으면 뭐라고 할까' 이 생각이 들더라구. 만약에 우리 애가 옆에 있었으면, 아빠 지금 뭐 하는 거냐고, 좀 정신 좀 차리고 제대로 좀 살라고, 엄마 데리고, 그렇게 처져 있지 말라고 꼭 그럴 거 같애. '정신 똑바로 차리고 제대로 좀 살아. 열심히 건강 챙겨가면서' 꼭 이럴 거 같애. '이제 끝났으니까 죽어서 나한테 와' 이게 아니고 '그냥 열심히 좀 정신 차리고 제대로 살아'라고 그 얘기할 거 같애가지고 정신이 바짝 나더라고. 그래서 그때 이제 우리 집사람도 보이게 되고, 그래서 인제 그래서 살게 된 거예요. 그러면서 '이 진실 규명도 인제 해야겠다' 이런 생각도 들고, 이제 활동하게 된 거지. 그 생각하는 게 진짜 더 힘들었을 거예요.

면담자   삶이 완전히 바뀌신 거네요.

수연 아빠   삶이 완전히 바뀌는 거지.

면담자   그 바뀌기 전의 삶에 대해서 구술에 조금 담아두려고 합니다. 지금 제가 여쭤보려는 건 아버님 어디서 태어나셨는지에서부터 고향, 어린 시절 얘기에 대해서예요.

수연 아빠   어린 시절요?

면담자   네. 출생지가 대전이신 거예요?

수연 아빠   그렇죠. 뭐 대전에서 태어났죠. 대전에서 태어나 가지고 거기서 다 하고…. 전공하고 좀 틀려요. 건축 일이 우연하게 지인하고 연결이 돼가지고 전문 건설 회사 인연이 돼가지고 들어가게 돼서 거기서 직장생활 하다가 통폐합 바람에 좀 올라오게 된 거죠.

면담자   혹시 형제 관계는 어떻게 되세요?

수연 아빠   형제는 이제 2남 3녀, 2남 3녀에 장남이에요. 지금은 뭐 장남 노릇도 제대로 못하지, 집에를 제대로 못 내려가니까. 홀어머니 계신데, 물론 형제가 밑에 인제 있으니까 돌봐주는 게 있지만, 형제, 형제지간에도 제대로 왕래 못하고 있으니까. 참사 전에는 진짜 뭐 자주 연락도 드리고 그랬는데 거의 이제 연락을 못 드려, 명절날도. 한 번 걸려가지고 1년에 한 번 정도 갈까 말까, 그 전처럼 못하겠더라고. 물론 우리 어머니나 인제 형제들은 서운하게 생각하지, 안 내려오고 연락 안 하고 이러니까. 근데 인제 똑같이

할 수가 없는 거야. 완전히 바뀌었잖아. 그거 이해를 못해. 절대 이해 못해요. 부모도, 형제도 이해 못한다니까. 뭐 친구나 직장 동료 말할 것도 없는 거고, 그거는. 이제 이 형제지간에도 우리 어머니도 인제 잊으라고 그러니까.

면담자   그렇게 말씀하세요?

수연 아빠   그렇지. 이제 그만 좀 잊고… 우리 생각, 내 생각해서 그런 거지, 내 생각해서. "살 사람은 살아야 되지 않느냐" 날 생각해서 날 걱정해서 하는 거예요. 그걸 겪지 않은 사람이기 때문에 그렇게 하는 거야. 그것도 이해를 해요, 겪지 않은 사람이기 때문에. 근데 원래 그 사람을, 그 피해자를 위한다 그러면 뭐냐, 같이 있어주는 게 가장 위하는 거예요. 같이 있어주고, 같이 울어주고, 같이 아파해 주고. 말이 필요 없는 거야. 그게 위하는 거예요. 근데 그걸 위한답시고, "이제 그만 잊어. 뭐 건강 챙기고, 힘드는데 니 몸 신경 써라" 뭐 이런 거, 이건 위로가 아닌 거, 위로가 안 돼. 왜냐면, 부모 형제 또 이런 거하고 틀려요. 자식, 이런 거는 자식만 생각하고 있거든, 항상. 자식이 없어도 머릿속에 항상 자식한테 가 있는 거야. 자식한테 가 있는 사람한테 내 몸 신경 쓰라 그러면 그게 와 닿아요? 안 되지. 오히려 그 자식 걱정해 주면 더 고맙지. 그래서 이렇게 주변에 일을 큰일을 당하고 보니까 고마운 사람들이 많은 거야. 우리 일을 내 일, 나[의] 일처럼 같이 이렇게 아파해 주고, 관심 가져주고, 움직여주고 행동하는 사람들. 이 사람들은 가족, 자식 잃은 아픔을 어느 정도 이해해 주는 사람이지. 근데 그런 사람들한테 참 고맙죠, 힘이 되고.

면담자   수연이는 속이 깊다고 이렇게 말씀하신 거 봤어요. 아버님도 장남이시고 왠지 모범생이셨을 것 같은데, 학창 시절에 어떤 사람이셨어요?

수연 아빠   저는 진짜 아닌 게 아니라 뭐 저… 이렇게 뭐 이렇게… 그냥 착실하게 그냥 그렇게 살았던 거 같아요. 티 내지도 않고, 앞에 나서지도 않고. 평, 아주 평범하고 그렇게 살았던 거 같아요. 집안이 어려웠기 때문에, 집안이 뭐 어려웠기 때문에 무슨 뭐 여유가 있어 가지고 뭐 어디 많이 놀러 다닌 것도 아니고, 또 친구들하고 많이 뭐 어울린 것도 아니고. 그것도 뭐 여유가 있어야지 가능했던 거잖아요. 여유가 없다 보니까 거의 뭐 학교, 집, 학교, 집 이렇게만 다니다 보니까 다른 경험을 그렇게 많이 못했어요. 그래서 지나고 보면 우리 애한테도 저 그렇게 살아왔기 때문에 많은 경험을 못 시켜준 게 한스럽지. 우리 애가 서울을 그렇게 다니고 싶어서, 가고 싶어 했는데 서울도 제대로 못 데리고 다니고 그런 게 참 굉장히 아쉽죠. 그리고 학교도 서울을 꼭 가고 싶어 했다고, 항상 "인 서울, 인 서울" 했어. 수시를 합격한다고 그래서 단원고를, 원래는 더 하향 지원해 가지고 선부고를 갈라 그랬어, 선부고. 선부고가 굉장히 학교가 멀어요. 그리고 거리도 멀어. 완전히 반대 방향이야. 그래서 절충한 게 나는 강서고를 가라 그랬던 거거든.

수연 아빠 이재복

근데 강서고가 쪼끔 수준이 높아. 그래서 수시로 가기에는 쪼끔 자기가 생각해도 딸렸나 봐. 그래서 하향 지원했는데, 선부고는 또 너무 후미지고, 거리가 반대 방향이고. 환경도 중요하잖아. 그래서 내가 직장 다니는 길에 있고 그래 가지고 절충한 게 단원고야. 제가 사실 또 추천을 했어요. 그러니까 합의를 본 거야. 둘 중에서 나는 강서고고 우리 애는 선부곤데, 그래도 인제 단원고가 수시로 많이 간다고 그러더라고. 자기도, 우리 애도 알아보니까 괜찮겠다 싶어가지고 그렇게 결정한 거였거든. 이럴 줄 알았으면 그냥 애가 원하는 대로 그냥 보냈을걸. 그러니까 후회도 많이 되지.

그니까 그게 뭘까, 내가 그렇게 착실하게 이렇게 살았는지 몰라도, 그 영향을 받았는지, 우리 애도 모나지 않고 착실하게 살았어요. 내가 또 일만 하고 힘든 거 아니까 지도 인제 나중에 커서 돈 많이 벌 생각을 많이 했어. 가끔 와가지고 돈 많이 벌려면 뭘 해야 되나 물어보, 보고 그랬다고. 그니까 집안이 인제 나도 이제 부유하질, 뭐 난 빚진 건 없지만 부유하질 않으니까, 여유 있질 않으니까 돈의 중요성을 너무 일찍 알았지, 우리 애도. 그래서 헤프진 않았어요. 그렇다고 해서 뭐 쓰는 것을 통제하고 그러진 않았는데, 자기가 원하는 거, 사고 싶은 것은 카드로 막 사고 했지. 현금은 많이 안 줬어. 카드로 해서 인제 인터넷으로 구매를 많이 하더라고. 특히 저 옷을 좋아해서 옷도 많이 사고. 그 낭비가 심한 것도 아니지만 그렇다고 해서 그렇게 뭐, 뭐라 그래야 될까 그렇게 막 쪼잔하게 살진 않았는데, 돈의 중요성을 알아가지고 헤프게 쓰진 않았지.

면담자　　　수연이가 이것저것 옷이나 뭐 이런 데 관심이 많았던 거 같애요.

수연 아빠　　　네. 관심이 많, 그쵸, 옷 같은 데 관심이 많고, 펜 같은 거 볼펜 같은 거 이런 거 많지, 모으기 좋아했고. 그래서 서울 가가지고 서울에 있는 그 학용, 문구 이런 걸 많이 사고 싶어 했어요. 서울을 많이 가고 싶어 했어요. 학교를 또 그쪽으로 많이 가고 싶어 했고.

7
자녀와의 관계

면담자　　　고등학교 선택 과정이 약간 상상이 가긴 하는데, 수연이가 아버님이랑 직접 상의를 많이 하는 편이었던 것 같애요.

수연 아빠　　　네. 우리 수연이는 저한테 중요한 일은 와서, 사소한 거는 그렇게 많이 안 했는데, 중요한 일은 얘기를 많이 했어요. 걱정, 고민되고 이러는 거. 난 기억이 나는 게 중학교 □학년 땐데 인제, 학교 친구, 잘 지내는 친구들이 너무 공부를 안 한다는 거야. 자꾸 놀기만 하고 밤늦게까지 막 돌아다니고, 그래서 그 친구들하고 쫌 멀리 할려, 그러니까 뭐라 그럴까, 쫌 괴롭히는 거지. 그때 저는 카톡을 그때 처음 알았어. 그때 카톡을 보여주는 거야. 근데 카톡상으로 막 공격을 하는 거야, 친구들이. 막 안 놀고 막 이러니까. 왜 나오라는데 안 나오냐, 밤 10시가 돼도 11시가 돼도. 그래서 인제 나한테 고민을 털어놓는 거야. 그래서 그때 그런 얘기를 했지. "니 소신을 가지고 주관을 뚜렷하게 세워서 당당하게 해라, 당당하게. 너무 끌려가지 말고, 힘들더라도 잘 극복해라". 뭐 어떻게 할 수 없잖아. 그렇다고 그 애들 맞춰주라고 할 수도 없는 거 아냐. 뻔히 아는데, 그런 애들은 차라리 안 어울리는 게 낫지. 근데 다행히 또 한 부류의 착실한 친구들이 또 있었던 거야. 그 친구들이 도와줘 가지고 그 위기를 잘 넘겼던 그런 기억이 있어요. 그러니까 중요한 때는 와서 인제 같이 얘기도 하고 이렇게 하는 편이에요.

장래에 대해서 와서 인제 고민하고 몇 번 인제 걔 목표가 좀 바뀌었었어요. 첨에는 뭐 그 자기는 서울시립대 회계학과 가가지고, 회계사가 원래 되는 게 생각이었는데, 중학교 인제 아니, 고등학교 2학년, 14년도 초에 올라오면서 최종적으로 딱 결정을 하더라고, 국어 선생 하겠다고. 국어를 잘했어, 애가. 항상 국어는 꾸준하게 고득점이야. 다른 과목은 막 기복이 심한데도 국어는 항상 고득점이고, 또 1학년 때] 전수영 선생이라고 그분이 희생됐는데, 희생잔데 그분이 국어 선생님이었어요. 반장도 했었고, 우리 애가 그래 가지고 아마 그 선생한테도 영향을 좀 받았던 거 같애. 국어 선생이고 그 선생님도 아마 초임이고 반장도 하면서 인제 그 선생님하고 얘기도 많이 했겠지, 영향도 많이 받고, 또 국어도 잘했고. 그래서 딱 최종적으로 정하더라고. 그래서 "잘했다. 열심히 해라" 인제 [그랬죠]. 그러니까 하여튼, 새삼 나도 시간이 낮에 직장생활 하고

밤늦게 야근하고 이러다 보니까 뭐 소소하게 대화하고 이럴 시간
은 사실 없었어요. 근데 중요한 거는 항상 얘기는 하고 그랬지.

면담자   아버님이 먼저 막 장난 걸거나 그러시는 성향은 아
니시죠?

수연 아빠   아니에요, 제 성향이. 나도 이렇게 좀 이렇게 재미난
성향이 아니라서 좀 딱딱하고, 일에 좀 많이 이렇게 스트레스받고
시달리는 생활이다 보니까 애한테 그렇게 살갑게 못했어요. 그게
좀 많이 이제 후회스럽고 그런 부분인데, 못했어요. 그러다 보니까
집안에서 애도 거의 혼자 이렇게 생활하는 편이었지. 일을 당하고
나서 그 친한 친구들을 좀 이렇게 만나다 보니까, 밖에서는 그렇게
친구들을 좋아했고, 또 춤과 노래를 그렇게 좋아했대. 새로운 면을
많이 봤어. 집에 있는 거하고 밖에 있는 거하고 틀리더라고, 애들
이. 다른 부모 이렇게 얘기를 들어봐도, 틀리대. 우리 애도 그렇게
좀 그렇다고 해서 막 되바라지고 이렇게 하진 않았는데 놀 때는 이
렇게 잘 놀았대. 춤도 잘 추고 노래도 잘하고 잘 놀았대. 근데 또
착실한 면이 있으니까 또 공부는 열심히 했고, 항상. 공부는 열심
히 했고. 뭐 야자는 항상 하고 학원도 다니고, 자기 나름대로 공부
를 열심히 하려고 했으니까… 그랬죠.

면담자   아주 또 엄격하시지도 않으셨을 것 같애요.

수연 아빠   나는 또 자유롭게 했어요. 엄격하게 뭐 이렇게 막 주
입시키고 뭘 해라 이렇게는 안 했어요. 편안하게 놔뒀어요, 편안하

게. 다만 이제 잠 늦게 자는 것만 이렇게 좀 터치했지. 왜냐하면 그 다음 날 일어나기 힘드니까. 항상 또 늦게 일어나. 늦게 자니까. 뭘 하는지 모르는데, 하튼 뭘 이렇게 터치는 안 했어. 이렇게 "빨리 자라, 일찍 자라" 그 얘기만 했지…. 그래 갖고는 항상 늦게 자. 그러니까 늦게 일어나지. 나도 직장생활이 있고 인제 출근하는 시간 맨날 데려다 줘야 되니까. 또, 자기가 또 안 갈라 그래. 맨날 데려다 주니까 또 아빠가 데려다 주길 또 바래. 그러니까 나는 항상 깨우는 게 일이지. 그러니까 일찍 자라 고거였지. 고거 외에는 뭐 해라 마라 터치를 안 했어요. 스스로 이렇게 잘하드라고, 열심히 하드라고, 착실하게. 못된 친구들처럼 뭐 보면은, 담배 피는 친구들도 있잖아요, 그런 거는 없는 거 같드라고. 그렇게 이렇게 하여튼 착실했던 거 같애.

면담자   수연이를 키우시면서 중요하게 생각하셨던 부분 같은 거 있으세요? 어머님이랑 같이 이렇게 키워야겠다 하는 게 있으셨나요?

수연 아빠   글쎄 또 우리는 특별하게 남들, 남다르게 특별하게 뭐 이렇게 틀리게 이렇게 한 건 아니에요. 난 전문직을 원했어요, 우리 애한테. 나중에 사회에 나가서, 예를 들어 가정을 갖더라도, 자기가 어떤 전문직을 가지면서 독립적으로 당당하게 이렇게 살길 원했어요. 뭐 가정을 갖더라도 너무 남편한테 의지하고 그런 것보다 자기 어떤 전문적인 일을 가지고 사회에서 당당하게 독립적으로 살기를 바랐어요. 전문직을 나는 원했어요, 항상. 뭘 해도 전문직. 물론 뭐 자기 원했던 회계사도 전문직이었고, 선생님도 전문직이죠. "뭘 해도 전문적으로 해라. 너가 남들보다 좀 차별적으로 할 수 있는, 사회에서 정당하게 할 수 있는 일을 찾아라" 그런 거지, 뭐 특별나게 남들보다 뭐 앞서가라 튀어라 이렇게 하진 않았어요. 대신 전문직을 찾아라 이렇게 했지.

면담자   네. 그런 아버님의 의견에 대해서 수연이의 반응은 어땠나요?

수연 아빠   받아들였지. 그래서 "전문직이면서도 돈 많이 버는 게 뭐냐" 그런 질문도 하고 했으니까. 그런 걸 받아들인 거 같더라고, 전문직으로 생각했던 것 같아. 뭔가 이렇게 남한테 이렇게 의지 안 하고, 내가 주도적으로 이렇게 해나갈 수 있는 게 뭔가, 그런 걸 내가 원하는데 그걸 받아들였던 거 같애. 자기도 그런 쪽으로 많이 생각하고 많이 찾았던 것 같애. 그리고 관심받는 분야도 그런 쪽으로 자꾸 관심을 갖고, 했던 것 같애.

면담자   수연이가 느낌에 아버님을 많이 따르고 이렇게 존경했던 것 같애요.

수연 아빠   그만큼 뭐랄까, 관심보다도 나는 그만큼 사랑을 줬다 그럴까? 세세하게 일일이 이렇게 간섭 안 해도… 이렇게 잘 해나갈 수 있도록, 이렇게 뒷받침이라 그럴까? 이렇게 해줬으니까. 다 이렇게 배려해 주고, 다 지원해 주고, 해달라는 거 다해줬으니까. 본인도 해달라는 걸 다 해주니까 그렇게 요구를 안 했던 것 같애. 그러니까 돈을 많이 안 줘도 자기가 필요하면 다 해주니까. 돈을, 요구를 돈도 요구 안 하고, 필요하면 카드를 맡겨버리지, 알아서 하라고 줘버리니까. 그래도 내가 이렇게 다 해주니까 또 이렇게 무리하게 또 안 했던 것 같애. 자기가 한 선을 딱 지켜가지고 했던 것 같애. 그리고 친구들 얘기 들어보니까 친구들한테 쓸 때도 많이 썼다 하더라고, 과감하게 쓰고 했다 하더라고. 그런 것도 권장했어. 친구들이랑 어울릴 땐 어울려라. 쓸 땐 쓰고 이렇게 해라.

8
구술자의 가정환경 및 학창 시절

면담자   아버님 학창 시절에는 아주 여유 있진 않다고 말씀하셨는데, 어떠셨나요?

수연 아빠   없었죠. 그래서 그런 나는 또 한이 있었기 때문에 나는 막 이렇게 해줄라 그랬지. 우리 어렸을 때는 그런 상상도 못해요. 너무 어려워 가지고, 집, 학교밖에 몰랐으니까 어디 뭐가 있어야지 뭘 하지. 없었어요. 우리 때는 뭐 용돈 이런 게 없었으니까. 먹는 것도 힘들었는데, 우리 중학교 때만 해도 먹는 걸 제대로 못 먹어가지고 학교에 조회 시간에 쓰러지기도 하고 막 그랬는데, 빈혈이. (면담자 : 아버님이요?) 네, 영양실조라고 하더라고. 그때 영양실조라고 제대로 못 먹었으니까 막 쓰러져 가지고.

면담자   괜찮으시면 아버님 가정환경에 대해서 좀 말씀해 주실 수 있으세요? 어려우셨다고 하셨는데 시골이었나요?

수연 아빠   가정환경은 내세울 게 없어 가지고. 가정이 별로 안 좋았어요. 옛날 부모님들 뭐 다 비슷하겠지만 우리 어머니, 아버지도 부부 싸움 많이 했고… 부부 싸움 많이 했어요, 부부 싸움. 제대로 안 되니까 뭘 해도 안 되니까. 특히 우리 아버지가 인제 제대로 된 경제생활을 이제 못했으니까. 우리 어머니에게 의지를, 우리 어머니가 바느질을, 인제 의상실을 했지. 지금 말로 의상실, 옷 만드는 거. 그러니까 난 여자가 너무 능력 있어도 안 좋다고 하는 게 [남편이] 의지하게 되더라고. 그러니까 우리 아버지가 인제 우리 어머니를 믿고, 자기 하고 싶었던 걸 너무 했던 것 같애. 그러니까 직장도 사람이 자기가 절실하게 하면 직장도 꾸준히 잃지 않으려고 막 노력하고 열심히 하는데, 믿는 구석이 있으면 등한시하게 돼. 왜냐면 열받으면 막 뛰쳐나오잖아. '에이, 이거 아니면 못 먹고사나?' [하고]. 그니까 집에 여자가 능력이 있고 돈벌이를 하니까, 남자들이 그런 게 있어요, 자기가 아니면 집안이 쓰러진다고 하면 어떻게든 참고 하는데, 자기 안 해도 먹고사는 구석이 있다 그러면 그냥 열받으면 뛰쳐나와, 남자들이 좀 단순한 게 있어 가지고. 그래서 난 그게 [원망이] 있었던 거야, 지나고 보니.

커서 생각해 보니까 그때만 해도 내가 굉장히 불만이 많았지, 우리 아버지한테. 왜냐면 제대로 뭐 어디, 거기다 대고 또 도박하고 그러니까, 그러면서도. 그러니까 우리 어머니가 번 돈 가지고 나가서 도박해 가지고 쓰고 들어오고, 그러니까 싸움이 많지. 애는 다섯 명이나 되는데 우리 어머니가 그거 벌어서 치다꺼리하는 게 쉬워요? 어렵지. 그러니까 우리가 그걸 또 알기 때문에 뭐 요구도 못해. 뭐 어디 뭘 하고 싶어도 못해. 그러니까 맨날 집, 학교밖에 몰랐지. 그러니까 우물 안 개구리처럼 사는 거지, 우물 안 개구리 처럼. 근데 현실이 그런 걸 어떡해. 그래서 이제 우리 아버지에 대한 원망이 많죠. 그러니까 좀 같이 이렇게 잘 열심히 했으면 좋았을 건데, 너무 우리 어머니를 믿었던 거 같애. 계속, 계속 했으니까. 우리 커서 사회 나가서 생활할 때까지 너무 의지를 했고. 그러니까 우리 아버지가 제 나이 때, 딱 제 나이 때 돌아가셨어요, 암으로. 뭐 맨날 술 먹고, 체질이 보니까 내가 아버지 체질인데 술이 안 받아, 지금 내가 보니까. 안 받는 술을 그렇게 많이 먹은 거야. 그러니까 결국 술 때문에 간암이 걸려가지고 돌아가셨지. 제가 지금 그렇게 먹었으면, 술 먹었으면 나도 아마 갔을 거야. 체질이 가만 생각해 보니까 우리 아버지 체질이야. 성격도 우리 아버지하고 비슷해. 체질도 비슷하고, 근데 나는 술을 좀 안 먹어, 담배도 안 피고.

면담자   원래 계속 안 하셨어요?

수연 아빠   아니, 술 먹었지. 술, 담배 하는데 담배 끊은 지 한 7년 됐고. 〈비공개〉 우리 내력이 우리 할아버지도 동맥경화로 돌아가셨고, 우리 아버지는 또 간암으로 돌아가셨고, 나는 항상 그랬어요. '뭔가 좀 성인병으로 갈 거 같다' 그래서 우리 어머니가 항상 걱정하지. 그래서 우리 어머니가 항상 그러는 거야. 참사 이후에 니 몸 걱정하라고. 할아버지 그렇게 돌아가신 거 알고 아버지 돌아가신 거 아니까 나도 이제 그렇게 갈까 봐 맨날 걱정해, 맨날. 이제 그걸 모르는 건 아니지. 모르는 건 아닌데 나는 그렇게 와 닿지 않은데 어떡해. 내가 죽는 게 걱정이 아니고, 우리 애가 아직도 머릿속에 그대로 인제 남아 있으니까 그게 그렇게 견디기가 힘든 거지, 그게 아직도. 항상 우리는 잘 때, 우리 애하고 항상 대화하고 자요. 똑같애. 잘 때 항상 그랬잖아, 일찍 자라고. 낼 아침에 일찍 일어나야 되니까, 그래야 아빠도 좀 회사 출근도 늦지 않고 가야 되니까. "일찍 자라" 그 얘기를 항상 해, 잘 때. 없는데도. 그럼 그 소리가 들려. "일찍 자라" 그러면 자기 방에서 "안녕히 주무세요" 그래. 그 소리가 들리는 거 같애. 그 소리가 듣고 싶어서 자꾸 그렇게 하는 거야, 그러고 자는 거야. 그러니까… 어떨 때는 아직 실감이 안 나죠….

또 후회되는 게 우리 애 잃고 나가지고 [아이 물건을] 다 정리했어요, 나는. 대부분 많이 정리 안 한 사람도 많이 있잖아. 그게 제일 후회돼. 그때 왜 그랬냐면, 그때 진짜 마음이 화가 나더라고. '이게 무슨 의미가 있냐, 이 모든 게, 애가 없는데' 그러고 그때 마침 이거 정리해 준다고 해가지고 하, 그때 왜 그랬는지 몰라, 아무 생각 없이 다 정리했어. 일단 아무 의미가 없다고 생각해서, 화도 막 이래 가지고, '이게 무슨 의미가 있냐, 다 필요 없다', 또 마침 정리해 준다고 해가지고(한숨). 그런 건 또 왜 이렇게 빨리 해준다 그랬는지 몰라, 나라가(한숨). 알아서 하게 놔뒀어야 되는데, 경황도 없는 사람들한테 그냥 정리해 준다 그러니까 또 맡겼어. 맡기고 나니까 싹 정리했어, 흔적도 없어. 몇 개쯤 남았지. 그게 엄청나게 후회돼요. 그게 남겨놨어야 되는데, 안 남겨놓은 게.

9
결혼 과정과 가정 꾸리기, 구술자의 직업

면담자   아버님, 왠지 젊으실 때 가정을 이루는 거에 대한 어떤 목표나 꿈 이런 게 있으셨을 것 같아요. 맞나요? 아닌가요? 어떠셨나요?

수연 아빠   평범한 꿈이죠. 이제… 우리 가정을 가지고 나서는 애한테 꿈이 있었던 거지, 애가 건강하게 잘 자라가지고 자기가 원하는 꿈을 이뤄서 사회에 나가가지고 좀 당당하게 잘 가정을 이루면서 잘 살길 바라는 거. 그게 하나의 꿈이고, 희망이었지. 그걸 보고 살았던 거고 딴게 뭐 있었겠어요. 자식을 가진 부모들은 다 그거죠, 뭐. 자식 잘되는 게 제일 꿈이지, 그게 제일. 대부분 사람들이 그렇겠지만, 아닌 사람들도 물론 있겠지만 대부분 그거지.

면담자   어머님 어떻게 만나게 되셨는지요?

수연 아빠   (웃음) 우리는 중매로 만났어요, 중매로…. 그 전에 뭐 첫사랑도 있었고, 뭐 그런 게 있었는데 사회생활을 하다 보니까 직장 일에 신경 쓰고 막 일에 신경 쓰고 그러다 보니까 이성교제는 신경을 못 썼지. 때가 되고 이러다 보니까 주위에서 인제 소개를 시켜 줘가지고. 대전 사람이에요, 같은 대전 사람. 대전에서 만났는데 이 사람이 인제 순수하게 보이더라고. 교제를 하다가 인제 결혼까지 하게 된 거죠(웃음).

면담자   얼마나 만나고 결혼하셨어요?

수연 아빠   나이가 찬 상태에서 만나가지고, 교제 한 1년, 1년 정도 하고 그리고 결혼했어요(웃음). 근데 인제 그 집사람은 대전에 있었고, 나는 안산에 있다 보니까 데이트하러 왔다 갔다 하기가 조금… 그때만 해도 참 젊은 나이다 보니까 그렇게 어떻게 그렇게 다녔나 몰라.

면담자   어머님은 대전에 계신 상태에서 연애하신 건가요?

수연 아빠   네, 계신, 대전에 있는 상태에서, 우리 집사람은. 대전에서 인제 서예를 했어, 서예. 서예 학원을 경영했어. 서예를 잘했어. 글을 잘 썼죠, 한자 뭐. 서예를 경영해서, 나는 여기 있었고, 그래서 주말에만 내려가는 거지. 평일에는 거의 인제 힘들고, 주말에만 내려가 가지고 주말엔 같이 있다가 그리고 올라오고, 거의 그렇게. 평일 날도 뭐 내려간 적도 있었죠(웃음).

면담자   많이 좋아하셨던 것 같은데, 쑥스러워서 쪼끔만 얘기해 주시는 것 같은데요.

수연 아빠   그때는 아무래도 인제 결혼할 나이가 찼기 때문에,

결혼을 전제로 해서 만났기 때문에, 특별히 그렇게 뭐 흠이 없으면 그냥 하려고 했었고. 또 그러다 보니 인연이 돼가지고 했던 거죠.

면담자   아버님 전공이 다르다고 하셨는데, 지금 하시는 일이랑 다르단 말씀이신가요?

수연 아빠   저는 저 지질학을 전공했어요. 지질학을 전공했는데, 지질학 계통에 있다가 그 쪽에 약간 회의가 있어 가지고 지하수 개발을 했었거든. 〈비공개〉 사실 그런 것도 내가 실상을 봤어. 거기에 회의도 많이 느꼈고. 사업도 여러 가지 뭐 현실적으로 안 맞고 그래 가지고 지인을 통해서 이렇게 건축 계통에 들어온 거예요, 전문 건설 회사. 전문 회사를 인제 아파트나 빌딩 창호 쪽, 설계하고 작업 관리 쪽이에요. 10, 거의 20년 가까이 했어요, 고 직장에서만.

면담자   한 회사에서요?

수연 아빠   네, 거의 20년 가까이. 그래 가지고 인제 팀장까지 올라갔던 거지. 팀장에서 2년 정도 하다가 이제 일이 터져가지고, 도저히 뭐. 밑에 직원이 없으면 부담 안 갖고 하지. 팀장이다 보니까 팀원도 이끌고 회사에 이익을 남겨야 되는 중요한 직책이다 보니까 일에 손이 안 잡히는데 어떻게 일을 해. 그래 가지고 회사에서는 시간을 두고 하자는데도 불구하고 내가 스스로 인제 사직을 하고 나온 거지. 또 뭐 의미도 없고 뭐, 돈 벌어서 뭐해, 애 땜에 한 건데 애가 없는데. 그리고 나와서 거의 자포자기하고 있었던 거지. 그러다가 인제 작년 중반기부터 인제 나오면서 당직, 우리 반 이제 합류하면서 같이 나오면서 반 대표까지 이렇게 해달라, 그래 가지고 하게 되는 거고.

면담자   참사 이후에 그럼 회사를 얼마나 나가셨던 거예요?

수연 아빠   9월 달에 그만뒀으니까 5, 6, 7, 8, 9, 한 5개월 다녔었네. 5개월 다니다가 뭐 도저히 일이, 도저히 손에 잡혀야지, 애 생각만 나는데. 내가 인제 다니면서 현장 관리를 해야 되거든. 현장에 가서 자재 필요한 거 납품시키고, 또 작업자들 그 붙여가지고 작업 일 시키고, 또 일시키는 거 수금해야 되고, 또 정산해 가지고 하고, 또 내 일뿐만이 아니라 팀원들 또 관리해줘야 되고, 일이 엄청 많아요, 신경 쓸 것도 많고. 거기에 또 사람 다루는 일이다 보니까 스트레스도 많이 받고, 그러니까 집중을 못하는 거야. 물론 내가 20년 동안 해왔던 일이기 때문에 어떻게 어떻게 할진 몰라도, 일단 의미가 없다 보니까 이게 재미가 없잖아. 이렇게 의욕도 안 나고, 그게 큰 거지. 일에 의욕이 안 나고. 그렇게 되면 나 하나가 이제 회사에 불이익을 끼칠 순 없기 때문에, 그래서 그만둔 거지.

면담자   마지막으로 질문 한 가지 하고 끝내겠습니다. 인터뷰에서 아버님이 하신 말씀 들었었는데, 수연이가 이제 외동이었잖아요. 〈비공개〉

면담자   수연이가 태어나고 나서 더 각별하셨을 것 같아요.

수연 아빠   그리고 인제 애 하나만이라도 좀 여유 있게, 불편하

지 않게 여유롭게… 경제적인 것 때문에 힘들지 않게 해주고 싶어
가지고 애한테만 올인했던 거지.

면담자   네, 오늘 엄청 길게 어려운 말씀 많이 해주셨어요.

수연 아빠   별로 얘기를 할 수 없을 줄 알았는데 하다 보니까.

면담자   네, 오늘은 여기까지 마치겠습니다.

2회차

2016년 6월 16일

1

시작 인사말

면담자   본 구술증언은 4·16 사건에 대한 참여자들의 경험과 기억을 기록으로 남김으로써 이후 진상 규명 및 역사 기술에 기여하고자 합니다. 지금부터 이재복 씨의 증언을 시작하겠습니다. 오늘은 2016년 6월 16일이며, 장소는 안산시 단원구 고산동 세승빌라입니다. 면담자는 이예성이며, 촬영자는 김솔입니다.

근황 및 최근 활동

면담자   네, 5월 24일 1차 구술 이후에 시간이 많이 지났는데 그사이에 어떻게 지내셨는지요?

수연 아빠   그사이에 피켓 활동들도 좀 했었고, 뭐 광화문은 2주일에 한 번씩 토요일에 광화문 저 서명 활동, 가끔 발언도 하고, 또 최근에는 대전에 대책위에서 요청이 들어와 가지고, 또 우리 1반하고 대전하고 인연이 좀 있어요. 그래 가지고 무슨 행사 있을 때마다 좀 1반에 요청이 가끔 들어와요. 내려가 가지고 같이 참여하고 서명 활동도 하고, 대전에 식구들하고, 대책위 시민들이죠, 만나는 시간도 좀 갖고 그렇게 하고, 또 뭐 국회도 가가지고 또 지난번에 그 입법 청원 서명운동 40만 이상 그 서명해 가지고 가서 입법 청원도 했고, 주로 그런 활동 했죠.

면담자   1반이 대전과 인연이 있는 이유는 무언가요?

수연 아빠   그게 참사 이후에 그 특별법 개정, 아니 제정 때문에 종국적으로 우리 가족들이 다니면서 서명 활동 했잖아요. 그때 당시 반별로 이렇게 제비뽑기를 해가지고 지역별 정해서 하는데 공교롭게 우연히 제비뽑기를 세 번을 대전하고 하게 되었어요. 제비뽑기가 그렇게 돼서, 그렇다 보니까 대전하고 친숙하게 되고 가깝게 되고 해서 많이 알게 되고 인연이 되었죠. 그래서 그 이후로부터 대전에서 될 수 있으면 1반을 많이 초청을 했어요. 나름대로 접촉을 많이 하고 그래 가지고 가까워지고, 또 서로 궁금해하는 그런 감정도 생기고 그래서 요청이 가끔 들어오고, 요청을 하면 또 당연히 내려가서 같이 활동하고, 못 내려가고 못 도와줘서 미안하지 우리는. 그렇게 그래도 관심 가져주고 활동해 주는 게 얼마나 고마운지, 보면 대전에 으느정[이]거리라고 대충 중심지, 제가 대전에 대해서 잘 알아요. 젊은이들뿐만 아니라, 특히 젊은이들이 많이 다니는데 장년층도 많이 다니고, 그 으느정[이]거리 중심 거린데 완전 세월호 거리라고 할 정도로 일주일에 한 번씩 계속 항상 금요일마다 가가지고 3시간씩 서명 활동을 하니까 상당히 호응이 좋고 분위기도 좋더라고. 또 대전은 개별적으로 서명 활동하는 분들도 계시고 항상 고맙게 생각하고, 항상 가지는 못해도 마음속으로 응원 많이 하죠. 이번에 내려가서도 그런 얘기 많이 해줬죠. "고맙게 생각한다"고, "자주 보지를 못하지만 마음속으로 많이 응원한다. 그럼에도 불구하고 좀 부탁한다. 계속 활동을 해달라"고. 그분들은 "너무 당연하다. 가족뿐만 아니라 자기 가족 입장에서 국민 입장에서 당연히 해야 될 일이기 때문에 하고 있다"[라고 말해요]. 말이라도 참 고마워요. 지금 또 이렇게 또 하고 왔잖아.

면담자   그 거리 이름이 뭐라고 하셨죠?

수연 아빠   으느정[이]거리요.

면담자   은으, 은으 되게 어렵네요.

수연 아빠   으느 그냥 으느정. 정확한 어원은 모르겠는데 왜 이렇게 나왔는지, 저도 처음에는 은으정인지 뭔지.

면담자   은으정이에요?

수연 아빠   으느, 으느.

면담자   은으정이요.

수연 아빠   아니 으, 니은, 으느정.

면담자   아, 으느정이에요?

수연 아빠   어. 으느정. 거기가 으느정[이]거리예요. 저도 한번, 왜 으느정인지는 어원을 한번 찾아봐야겠는데.

면담자   네, 저도 한번 찾아봐야겠네요.

수연 아빠   어. 최근에 참 하여간, 최근에 알았어.

면담자   최근에 세월호 거리가 거의 되었다고요?

수연 아빠   [세월호 거리가] 된 것처럼 워낙 그만큼 활동을 많이 하니까 그분들이, 시민 대책위 분들이, 일주일에 한 번씩 고정적으로 하고 또 일인 피켓 활동하는 분들도 계시고, 많이 홍보가 되었죠. 사람들이 무슨 거부 반응을 안 일으키고 호응을 많이 해주고 분위기가 좋더라고, 딴지 거는 사람도 없고. 특히 젊은 사람들이 많이 참여를 해줘 가지고. 지역을 많이 다녀보지만은 우호적인 데가 좀 있잖아요. 특히 저 호남 쪽은 아주 적극적이고, 대전도 좀 그런 편이고, 아무래도 영남 쪽이 조금 비협조적이고, 서울도 조금 마찬가지고.

면담자   서울이랑 영남이 비협조적인 거네요.

수연 아빠   서울도 약간 하시는 분들 하시지만, 워낙 또 인구가 많으니까 인구가 많으니까 상대적으로 조금 비협조적이더라고요.

면담자   영남 쪽도 많이 가보셨나요?

수연 아빠   영남 쪽 한 번 가보았는데, 대구에 한 번 가봤는데 역시 그 호남과 비교해 보면 많이 차이 나죠.

면담자   어떤 차이가 많이 느껴지세요?

수연 아빠   그러니까 조금 그 뭐랄까 태도들이, 보는 시선들이, 약간 냉소적인 분들이 많죠.

수연 아빠 이재복

면담자 　　　　정말 분위기 같은 게 딱 다르게 느껴지시겠네요.

수연 아빠 　　　네, 뭐 참여율도, 서명율도 차이가 많이 나죠. 뭐 호남 쪽이 100이면 영남 쪽은 많아야 30, 40 될까.

면담자 　　　　아, 두 배 정도 차이가 나는군요.

수연 아빠 　　　두 배 이상 차이 나죠. 관심들이 틀리잖아요. 그쪽은 좀 보수적이고 호남 쪽은 좀 진보적이고 하다 보니까. 서울은 뭐 성격이….

면담자 　　　　분위기가 다른 것 말고 뭐 어떤 결정적인 사건 같은 게 있나요?

수연 아빠 　　　사건 없고 이념적인 게 큰 것 같아요. 특히 대구 쪽은 박근혜 지역구잖아요. 박근혜를 맹목적으로 따르는 그런 세력들이 많다 보니 세월호는 아무래도 관심 밖이죠, 거기서는 아무래도. 정부 쪽을 많이 옹호하려고 그러고, 또 맹목적으로. 심지어 그러잖아요, "국가가 망해도 박근혜는 정말 이쁘다"고 하는 사람들도 있을 정도니까, 그것만 해도 차이가 많이 나죠. 거기는 딱 정해져 있어요. 세월호 관심 가지고 지지해 주는 층이 소수지만 딱 정해져 있어요. 그래서 그 사람들 중심으로 해가지고 계속 활동을 해요, 꾸준히. 하지만 굉장히 외롭지, 힘들고. 상대적으로 어떻게 보면 더 감사한 일이죠, 그 열악한 환경에서도.

면담자 　　　　대책위 중에서 대구 지역 대책위에서요?

수연 아빠   네, 그렇죠.

면담자   그 단위를 뭐라고 부르나요? 지부라고 부르나요?

수연 아빠   우리는 시민 대책위.

면담자   대구 대책위, 대전 대책위, 이런 식으로요?

수연 아빠   네, 지역별로 대책위가 있어요. 시민들이 자발적으로 결성된 단체들이에요, 다.

면담자   대전 같은 경우에는 혹시 규모가 어떻게 되나요?

수연 아빠   대전도 원래 전체적으로 등록되어 있는 인원은 한 2000~3000명 된다고 하더라고. 참여하겠다는 의사를 밝힌, 그 자기네들 말로는 등록이라고 하더라고, 뭐 있나 봐, 조직이. 등록되어 있는 인원은 2000명 되는데 적극적으로 활동하시는 분들은 100여 분. 그날도 거리에서 서명하신 분들이 사실 움직이는 분들은 한 20명이 안 되었어요. 열 몇 분 되었는데, 뒤에 이제 만남의 시간을 가졌을 때는 한 30~40명 급조해 가지고 이렇게 우리 온다고 그러니까 왔다고 하시더라고. 같이 저녁 먹고 얘기 나누고 그랬는데, 한 40명쯤 오시고. 그러니까 전체적으로는 대전 지역, 근교 포함해서 2000명 이상 된다고 하더라고, 조직이. 그분들이 이제 또 지역별로 활동하고.

면담자   대전이 고향이어서 감회가 다르실 것 같은데요?

수연 아빠   그렇지, 이제. 그렇죠. 고향이라고는 하지만 오래 떠났기 때문에 많이 이제 변화가 되었고 오히려 이쪽이 사람들도 아는 사람들도 많고, 대전은 뭐 일가친척, 형제, 자매들하고 뿐이지. 친구들도 근래 접촉이 없고 인간관계도 이쪽 올라와서 많이 형성되었으니까 떠난 지 오래되었고. 조금 나름대로 그래도 정이 있죠, 그래도 고향이니까. 또 대전 사람들 마음이 많이 가고, 또 고맙죠, 더. 고향 사람들이 열심히 해줘 가지고.

면담자   저희 1차 진행한 5월 24일부터 오늘 6월 16일, 이사이에 특히 바쁘셨던 활동의 계기나 사건이 있나요? 지금 가장 문제시되고 있다든가 하는 일이 있나요?

수연 아빠   활동한 것은 주로 그거 활동이고, 서명하고 뭐 국회 왔다 갔다 하고, 광화문 가고 저거 하는 거고, 그동안 이슈가 많은 것들이 많이 생겼죠. 그 개정 문제 때문에 19대에서 결국 무산이 되고 20대에 넘어오면서 상당히 기대를 많이 가지고 있는데, 원 구성이 좀 안 되다 보니까 지지부진하잖아. 그것 때문에 법 개정 때문에 신경을 많이 썼었고, 이제 또 세월호 선수 들기, 그것 때문에 굉장히 또 기대를 많이 하고 있었는데 결국엔 또 실패하면서 실망도 많이 크고, 그런 것들 뭐. 항상 신경 쓰는 건 그런 거죠, 뭐 항상, 마음적으로. 몸으로 활동을 한다기보다도 신경, 정신적으로 거기 집중되어 있다 보니까 힘든 거지, 피곤한 거지. 또 그게 무슨 해결되고 풀어지고 그러면 좀 나을 텐데 자꾸 그게 안 풀어지고, 자꾸 뭐 한계에 부딪치고 높은 벽을 막 실감하고 그러니까 더 정신적으로 피곤하지요. 그런 것들이 해결돼야 되는데, 해결돼야 되는데 이번에도 선수 들기도 그렇게 쉽지 않… 그래도 불안불안은 했지만, 불안불안했지만 (한숨) 그래도 돼야 되는데, 돼야 되는데 하면서 굉장히 기대를 많이 했는데 괴롭더라고.

이게 또 실패하고 그러니까 '이게 진짜 의도적으로 계획적으로 안 하려고 그렇게 하는 거 아닌가' 그런 의구심이 들고, 실제가 그럴 거라고 알면서도 마음속으로는 부정하고 싶은 거야. 그럼에도 불구하고 이게 좀 돼야 되는데, 돼야 되는데 하다 보면 막 두 가지가 서로 막 충돌하는 거야. 현실적으로는 뭔가 계획적이고 의도적이고 막 미루는 거 같은데, 그리고 내부적으로도 이렇게들 얘기하는데, 마음속으로는 그래도 그래도 '어떻게 좀 잘해가지고 성공했으면 좋겠다' 이런 게 두 가지가 충돌하는 거. 이런 거는 우리보다도 미수습자들이 더하죠. 미수습자들은 이거는 뭐 상상할 수도 없는 거예요. 느끼는 감정이, 상상할 수도 없는 거예요. 그래서 지금 미수습자들은 우리를 굉장히 원망해요, 유가족들을, 정부보다도. 정부에 얘기해봤자 소용이 없으니까 화풀이를 우리한테 하는 거야.

그래 가지고 요즘에 또 미수습자하고, 서로 이렇게 감정이 막 또 이렇게 생기는 그런 말을 이제 함부로 해, 미수습자들이. 근데 그걸 이해를 하지. 화풀이할 데가 없으니까 그걸 우리한테 하는 거야. 우리는 계속 그걸 받아주니까, 받아주는데 너무 인제 해도 해도 너무하니까 일부 유가족들은 반발심이 생겨가지고 미수습자들서로 탓하고 우리끼리 지금 싸우게 된 거지. 이게 갈수록 그게 겁

나는 거야. 우리 내분이 일어날까 봐 그게 겁나는 거야. 그런 것들이 하나씩 하나씩 생기니까 그게 불안하고, 그 뭔가 빨리 하나라도 좀 해결돼야 되는데 최근에 기사가 새로운 게 발견된 게 하나 나왔더라고. 그저껜가 오늘 기사를 봤는데, 그 '세월호에 그 해군기지 때문에 그 철근 400톤을 싣고 그날 운반했다'[라고 되어 있었어요]. 기록상으로는 280톤으로 기록돼 있는데 실제로 오마이뉴스에서 취재한 결과 '410톤이었다' 그거를 속였던 거지. 근데 이제 그거는 일반 청해진해운에서만 그 추진을 할 수는 없는 상황이고 '국가, 특히 그 국정원에서 지시가 개입된 것이 아니냐' 그런 정황이 드러난 거지. 그런 게 인제 하나씩 하나씩 나오니까 이제 새로운 게 나오다 보니까 가족들이 약간 좀 고무되어 있지. 그래도 이게 하나씩 하나씩 나오는구나. 근데 언론에서는 과적을 좀 부각시키잖아요. 근데 사실은 과적은 하나의 침몰을 일으키는 데 일부 작용이나 영향을 줬을지는 몰라도, 근본적인 침몰의 원인이 될 수는 없는 거거든.

그래서 이 근본적인 침몰 원인을 부각, 특히 국정원이 개입됐다는 거, 국가가 개입됐다는 것을 부각시켜야 되는데, 그래도 언론에 나오는 것은 과적. 그 거짓 기록, 거짓으로 기록을 해가지고 '실제적으론 과적을 해서 이런 것도 싣고 이런 식으로 부각을 시켜가지고 오히려 물타기한다' 우리는 그렇게 보거든. 더 큰 원인은 국가가 개입을 해가지고 하여튼, 이것뿐만 아니라 다른 원인들에 의해서 침몰이 된 건데 그런 것들이 부각이 되어서 좀 아쉬운 게 있지만, 그래도 뭐 새로운 게 발견이 되다 보니까 약간 좀 약간 좀 고무

되는 분위기는 좀 있죠. 오늘도 점심 먹으면서 그런 얘길 하고 왔는데, 그런 거래도 조금씩 조금씩 새로운 게 나오면 좀 활기가 찾아져요. 근데 하도 싸우고 그래도 안 나오니까 지치고 많이 좀 포기하게 되고, 갈수록 참여율도 저조해지잖아. 그러니까 이런 것들이 발견되고 찾아지고 그러면 좀 관심이 가져지고, 인제 또 참여율도 높아지고 그럴 거라는 예상을, 기대를 하고 있죠.

3
미수습자의 상황과 유가족과의 입장 차이

면담자　　　미수습자 가족분들이랑 약간 갈등이 있다고, 아버님 표현은 '화풀이'라고 하셨는데 그 내용은 어떤 것인가요?

수연 아빠　　　미수습자 관심은 오로지 그거예요. 자기 애… 애뿐만 아니라 가족들을 찾는 거. 우리는 인양해서 진실을 찾는 건데, 미수습자는 진실이 지금 마뜩지 않는 거야. 진실은 그 두 번[째], 아무 머릿속에 없어, 오로지 애야. 애를 찾기 위해서 배를 들어 올리는 거야. 다른 게 하나도 없어, 지금 머릿속에 안 들어와. 근데 인제 우리는 진실 때문에 자꾸 우리는 요구를 하잖아. 그 해수부에 요구를 하잖아. 그것도 싫은 거야, 해수부에 닦달하는 거. 왜냐면 일을 제대로 하고 있는데 자꾸 우리가 가가지고, 자꾸 싫은 소리하고 그러면, 그 사람들이 일을 제대로 안 할까 봐 불안한 거야. 그 사람들이 미수습자들 입장에선 이해할지 안 할지 모르겠지만, 그 참 좀 다독거리고 응원해 주고 해가지고 작업을 잘해서 빨리 올라오게 해줘야 되는데, 우리는 가가지고 자꾸 트집만 잡고. 우리는 트집이 아니라 실제 작업이 안 되니까 안 된다고 얘기하는 건데, 그런 것들 자꾸 얘기하니까 이번에도 실패를 했잖아요. 근데 우리한테 화풀이하는 거야. "자꾸 와서 이렇게 얘기한다, 오지 말아라" 우리보고, "차라리 이럴 거 같으면". 이러니까 자꾸 일이 안 되지 않느냐, 그거를 해수부를 탓을 하고 정부를 향해서 얘길 해야 되는데, 그걸 모르는 건 아니지만 해봐야 소용이 없으니까 우리한테 화풀이를 하는 거야. "왜 자꾸 와서 이런 소릴 하나. 자꾸 뭐 자극을 주느냐" 그런 얘기를 하는 거죠.

그래 정부에 대해서 쪼끔 해수부, 인제 좀 뭐 제대로 검토를 안 해가지고, 검토를 안 해가지고 거의 실험식으로 일을 하느냐 말이지. 제대로 구조 계산이라든가 측량을 제대로 검토를 제대로 해서, 줄 와이어가 끊어지지 않게 좀 더 강력, 강도가 있는 것 굵은 거로 했으면 되는데 왜 그걸 제대로 안 해가지고 끊어지게 하느냐 이런 얘기를 우리는 하는 건데, 그건 실험용이지 않냐 이런 얘기를 하는데, 이제 유가족들은 왜 그렇게 자극적이게 얘기를 하냐 말이지. 말도 안 되는 얘기를 하는 거야. 자기도 답답하고 속 터지고 그러니까 화풀이를 우리한테 하는 거예요. 우리도 이제 듣는 사람도 한두 번이지. 그걸 계속 그런 얘길 들으니까, 뭐 또 일부 또 부모들은 인제 한계가 와가지고 받아치기도 하고, "못 참겠다" 하는 사람들도 있고, 그런 게 있죠. 그래도 그게 심정을 알기 때문에 뭐 또 참아내지. 우리는 참아내지. 그렇다고 해서 미수습자들이 그런 얘기했다고 우리가 포기할 수는 없는 거니까. 그런 것들이죠. "자꾸 이렇게 와서 어필하고 할 거 같으면 오지 말아라" 심지어는 그렇게까지 얘기를 한다 이거지. 너무 심하잖아. 당연히 우리는 가서 참관하고 잘못된 거 감시하고, 지적하고 그래야 되고, 또 그러기 위해서 가는 건데. 또 우리는 인양을 하기 위해서 그렇게 하는 건데, 또 인양을 해야 미수습자도 찾을 수 있는 거고, 증거도 확보할 수 있는 거고 그럴 수 있는 거 아니겠어요? 그 인양을 하기 위한 목적으로 하는 건데, 자기들은 이제 제대로 안 되고 가족 찾아야 되는데 계속 못 찾고 그러니까 우리도 싫은 거야. 자꾸 와서 얘기하는 거를, 그러니까 의도가 틀리다는 거지. 자기들은 애 찾기 위해서 하는 건데 우리는 진실 찾기 위해서 하는 거니까, 뭐랄까 이제 심정적으로 이제 와 닿지 않는 거지. 우리가 생존자 부모하고 이렇게 와 닿지 않듯이, 미수습자는 우리 유가족들하고도 와 닿지 않는 거예요. 똑같은 자식을 잃었음에도 불구하고, 입장이 틀리니까. 그래서 우리는 그래도 이해를 하지, 중간자 입장에서 우리가 생존자 바라볼 때도 그러니까. 미수습자가 우리를 볼 때도 그렇지 않겠냐. 그래서 이해를 하는데 또 너무 또 심하니까, 어떡하겠어. 똑같은 유가족인데 이렇게 이런 상황을 겪고 있어요.

면담자   그게 정말 안타까운 부분인 것 같아요.

수연 아빠　　뭐 말로 못하는 거지. 그러니까 똑같은 상황인데 자기 자식 얼굴 봤느냐 안 봤느냐 그 차이가 엄청 큰 거지. 우리는 그래도 이렇게 우리 애 얼굴 보고 만져보기도 하고, 했는데, 또 애 올라온 사람 중에서도 만지지도 못한 부모도 있어. 늦게 올라와 가지고, 벌써 한 달 만에. 우리 애는 일주일 만에 올라왔잖아. 한 달만 지나도 얼굴도 못 만지게 했으니까 보지도 못했으니까, 안 보여줘 가지고. 워낙 너무 흉측하고 그러니까. 거기하고 또 틀려, 미묘해 굉장히. 우리는 일주일 만에 그러니까 4월 딱 안에 올라온 사람들은 그래도 멀쩡하게는 올라왔어요. 멀쩡하게 올라와 가지고, 우리 애 같은 경우에도 머리부터 발끝까지 다 이렇게 주물러주고 만져보고 그렇게 해서 애를 보냈지만 4월 지나고 5월 달에 올라온 사람들은 5월 달에 올라온 사람들 중에서도 또 상태도 다 틀리더라고. 그래 가지고 만지지도 못한 사람도 있고, 보여주지도 못한 사람도 있고, 그럼에도 불구하고 본 사람도 물론 있고.

　근데 5월 지나고 6월 달 넘어가서는, 6월 달에는 거의 안 나왔지만 6월 달 넘어서 나온 사람들은 뭐 말할 것도 없지. 〈비공개〉 이거는 다 이제 부모가 느끼는 게 틀린 게, 조금씩 틀릴 거야. 근데 지금 미수습자는 더하겠지. 근데 애가 거기 있다고 생각을 하니까 만약에 내가 그 입장에 있다 해도 막 미치지 않으면 다행이지. 뛰어들고 싶은 마음이 한두 번이겠어요? 그 막 자기 애가 거기에 있다고 생각, 있다고 생각할 때 가만히 있겠냐고. 뛰어들고 싶은 마음이 한두 번이 아니겠지. 자기라도 뛰어들어 가가지고 그냥 끌어

올리고 싶지. 그게 부모의 심정이지. 그러니까 이해를 못하는 건 아니야. 미수습자 이해를 못하는 건 아닌데(한숨), 너무 심하니까 너무…. 〈비공개〉 우리한테만 또 얘기하면 모르는데 그걸 이제 해수부 직원들이나 정부 기관들 이런 데 하는 경우도 있어요. 다 우리 탓하고 원망하고 결국 누워서 침 뱉는 거거든. 우리끼리 싸우는 거거든. 그 사람들이 볼 때 뭐라고 생각하겠어요. 〈비공개〉

4
사고 소식을 접한 경위와 사고 정황에 대한 이해

면담자　　　되게 중요한 얘기 해주신 것 같아요. 아이들을 만난 시기나, 아이들 마지막 상태나, 또 아직 못 만나신 분이나 아이들이 돌아와서 만난 분들이랑도 입장이 다르다는 얘길 많이 해주신 것 같습니다. 마지막, 진도에서 벌어진 일이잖아요. 진도에서의 아버지의 경험을 이제 조금 들어보면 좋을 것 같애요.

수연 아빠　　　그때 얘기를 또 해?

면담자　　　조금 어려운, 가장 힘든 부분이기도 하지만, 그래도 아까 말씀하신 대로 기억이 더 많이 잊히기 전에 그 부분에 대해서 오늘 좀 얘기를 했으면 하는데요. 진도에 이제 처음 가시기 전부터, 처음 소식을 들으신 때부터 말씀해 주세요.

수연 아빠　　　처음 소식 들은 건 그때 회사 출근해 가지고, 그날 이제 세종시 쪽 현장에 출장 갈 일이 있었어요. 아침에 출장 가느라고 서류 막 챙기느라고 바빴지. 난 정신이 없어 가지고 인제 그 서류 챙겨가지고 갈라고 출발을 할라고 하는데, 옆에서 직원이 나보고 애 수학여행 안 갔냐고 [해서], "수학여행 갔다" 했더니 "이 기사 좀 보라"고, "기사에 배가 침몰했단 얘기가 있다"고 [하더라고]. 인터넷에 보니까 단원고란 얘기가 나오고 침몰했단 얘기가 딱 나오는 거야.

면담자   단원고라고 정확히 나왔었죠?

수연 아빠   그 순간만 해도 '이 시대가 어느 시대고, 나라가 어떤 나란데 그거 뭐 배가 좀 이상이 있겠지, 괜찮겠지' 하고서 이제 다 출장 준비하고 출장 갔다 오겠다 하고, 나오면서 학교 들렀다 가려고 나는, 학교 들렀다가 상황 좀 확인하고 세종시 이제 가려고 학교를 들른 거야. 들렀는데, 상황이 내가 생각했던 거보다 너무 심각한 거야. 그니까 한두 명도 아니고, 이게 뭐 기울어져 가지고 계속 기울어 있고…. 또 뭐 수습이 안 되고, 구조가 안 되고 아무것도 속수무책으로 있으니까 이거는 아니, 장난이 아닌 거야. 보통 일이 아닌 거야. 그러더니 조금 있다가 뭐 "전원 구조" 또 나와가지고 또 안심을 했는데, 또 그나마 안심을, 얼마 안 가지고 그게 '오보'라고 또 얘기도 나오고, 그래 가지고 좀 있다가 생존자가 올라오는 거지. 근데 생존자가 올라오면 다 올라와야 되는데 일부만 올라오는 거야, 일부만. 그때부터 심각성이 더 심해진 거야. 생존자가 나오는데 일부 명단만 올라오는 거야, 일부 명단만. 이게 뭐냐 이거지. 생존을 다 살아야 되는데 왜 일부만 올라오냐 이거야. 그러니까 이게 뭐 나는 갈 수가 없는 거지. 그래서 인제 사무실에 "나 못 가겠다, 알아서 처리해라. 그런 상황이 아니다. 이걸 봐야겠다. 학교에 있어야겠다" 해서 회사 열쇠도 있고 그러는데 와서 가져가라 그래 가지고, 부하 직원을 또 오라 그래 가지고 그 와중에 또 막 전달을 해주고, "야, 내가 이런 상황이니까 회사에서도 신경 쓰지 말라"라고 하고 이렇게 해서 이쪽에만 학교에만 있었던 거야, 학교에만. 그러니까 1차 명단이 올라오는 거야. 1차 명단이 10시 쫌 넘으니까 1차 명단, 생존자[명단]. 그러니까 이제 우리 애부터 본 거지. 근데 없어. 그리고 2차 명단이 그래도 한 12시 전에, 12시쯤 2차 명단이 나와. 갈수록 줄어들어. 근데 없어. 3차 명단이 1시쯤 넘어서 올라오는데, 결국 없어.

이제 중간에 물론 뭐 누가 뭐 선생이 학생하고 막 통화하고 있더라고, 1반 다른 애하고. 뺏어가지고 좀 바꿔달라고, 뺏어가지고. 그 학생 이름이 지금 생각이 안 나고, 수연이 아냐니까 안대. "수연이 좀 바꿔주라, 우리 애" 그랬더니 우리 애를 막 불러. 그래서 그 순간에 '어이구 있나, 살아왔나, 나왔나' 했더니, 그러더니 "안 보여요" 그러는 거야(한숨). 철렁하더라고. "안 보여요" 그러는 거야. 찾아봐 달라고, "찾아서 아빠 기다리고 있으니까 꼭 좀 전화 좀 해라"라고 했죠. 그 순간 나는 이제 맘을 내려놨어요, 그 순간에. 살아왔으면 애가 전화 안 할 리도 없고, 친구들은 다 살아나 가지고 뭐 그냥 지 부모하고 통화하고 선생하고 통화하고 그러는데, 그 애한테 딱 물

수연 아빠 이재복

어봤을 때 안 보인다고 그러는데 있으면 왜 안 보이겠냐고, 다 반끼리 모여 있는데. 그게 2차 명단 올라오고 쪼끔 얼마 안 있었던 거 같애. 그래서 혹시 3차 명단까지 기다렸다가, [그때까지만 해도] 난 안 내려갔었어요. 다들 버스 타고 내려가고 막 그랬는데, 3차 명단에 인제 올라온다 하길래 그때까지만 보고 내려갈라고. 1시 넘어서 1시 반쯤인가 보고 2시쯤에 이제 차 타고 내려간 거지, 버스 타고.

그 내려갈 때만 해도 나를 탓했어. 국가를 안 탓했어요, 국가를, 그날만 해도. 국가를 탓을 안 하고, 나를 탓했어(한숨). '내[가], 이 아빠가 사람이 재수가 없어 가지고, 운이 없어 가지고 참 이런 사고를 당했구나' 나를 탓하면서 인제 '우리 애는 이미 떠났구나' 맘을 나는 내려놨어. 살 수가 없지. 아니 배가 침몰해 가지고 완전 바닷속에 들어갔는데 살 수 있다는 게 이건 있을 수가 없는, 그거는 끝난 거지. 그래서 시간을 추정을 막 해봤을 때 10시에서 10시 반 사이에 추정이 딱 나오더라고, 계산이.

면담자   아버님 스스로 추정을 해보신 거예요?

수연 아빠   네, 스스로. 10시에서 10시 반 사이에 우리 애가 떠났구나. 시간이 참, 지금 지나고 보니까 생존자 얘기를 딱 들어봤을 때 10시 15분, 20분쯤인 거 같애. 인제 49분에 지 엄마하고 통화하고, 그때만 해도 굉장히 위급한 상황임에도 불구하고 애들은 믿었던 거 같애요. 자신이 죽으리라는 거는 죽으리라는 것도 모르고, 애들이 뭐 죽음[을] 무슨 알겠어요. 죽음이란 것도 모르거니와 분명히 '살수 있을 것이다. 살려줄 거다. 구조해 줄 거다' 다 믿었을 거야. 그러구서 인제 생존자의 증언을 통해서 내가 들어봤을 때 10시 넘어서부터 인제 우리 1반에 유니나 선생님이 "도저히 안 되겠다. 나가자" 그래 가지고. 물론 뭐 방송에서는 그때까지도 계속 기다리라고 나오지. 1시간 동안 12번을 했으니까. 5분 간격으로 한 거야, 5분 간격으로. 애들을 완전히 묶어놓은 거야, 그거는. 꼼짝 못하게. 애들이 움직이면 서로들 그랬으니까, "움직이면 배가 넘어간다" 그랬으니까. 서로들 못 움직이게 했으니까 오히려. 움직이면 배 넘어간다고 가만히 있으라고 다들 그래서 가만있었으니까. 그런 상황에서 유니나 선생은 판단을 한 거지. "아, 이거 도저히 안 되겠다. 나가자" 그래 가지고. 나는 그래서 1반이라서, 1반부터 나온 줄 알았어. 근데 알고 보니까 선생이 판단을 한 거야, 막바지에. 그래서 1반이 많이 살았어요, 총 반 이상이 살았으니까. 18명 이상이 살았으니까 제일 많이 산 거지. 나오다가 물론 우리 애부터 휩쓸려 가지고 못했지만[못 나왔지만]. 시간이 한 10시 15분, 그러니까 우리 애 49분에 지 엄마하고 통화하고 10시 좀 넘어서 움직이기 시작한 거 같애. 10분 정도부터 막 그냥 막 우왕좌왕하고 했으니까. 그 나오면 금방 나오거든. 근데 그런 상황에서도 나왔으니까.

그럼 고 전에 해경이 도착하자마자 나오라 그랬으면 다 나왔어요. 시뮬레이션 뭐 얘기 들어봤겠지만, 시뮬레이션 해봤지만 시뮬레이션 했을 때 6분이면 나왔으니까. 고 기울어져 있는 상태에도 60도 기울어져 있는 상태에서도 6분이면 나왔으니까. 넉넉잡아서

10분이면 나왔다고. 그러니까 해경이 도착하자마자 그냥 메가폰으로, 그 김경일이는 헬기 소리 때문에 자기가 퇴선 명령이 안 들릴 거라는 말도 안 되는 핑계를 댔지만, 그 고무보트, 그 구명정 그거 가까이 갔을 때 메가폰 들고 말했으면 문이 다 열려 있었기 때문에 다 들린다고. 그럼 다 10분에 다 나와요. 근데 그거를 참 안 했다는 게… 그래서 10시 이후에 애들이 인제 나오기 시작해 가지고 1반이 많이 살은 거지, 다른 반들은 계속 기다렸던 거고. 이미 나와 있는 애들만 살아 있던 거고, 갑판으로 나와 있는 애들만 살아 있는 거고. 또 우리 애 반장 같은 경우는 나와 있다가 애들 인솔하라고 내려오라 그래 가지고 나와 있다가 또 들어가 가지고, 그러는 바람에 결국 못 나갔지. 그 [유]미지라고 방송에 나왔지. 우리 아파트 같이 살고, 우리하고 같이 출근, 통학을 걸어 다니고 그랬던 앤데… 그런 상황이었어요.

저는 그날 포기하면서 내려갔고, 결국은 뭐 아닌 게 아니라 그렇게 됐고, 국가를 사실은 원망은 안 했어요, 그날은. 나를 탓하고 내려갔는데 내려간 날 그 밤에 실상을 안 거지. 거짓말을 하드라고. 왜 거짓말을 하는지 모르겠어. 나는 국가를 믿었는데, 국가는 우리한테 거짓말을 하드라고. 구조를 안 하고 있는데, 안 하면 안 한다고 하면 되지. 상황이 이래서 이러저러해 가지고 여러 불가항력이고 어려워 가지고 인원도 안 되고 못하고 있다[고 사실대로 말하고], 보완해 가지고 오전에 뭐 이렇게 하든가 해야 되는데, 안 하고 있는 거 뻔히 아는데 한다는 거야. 근데 또 매스컴에서 한다고 나와(한숨). 이게 뭐야 이게. 근데 이게 알고 보니까, 이게 무슨 재난에 터졌을 때 모든 재난에 그런 식으로 대응을 해왔다니까 국가가. '이게 국가라는 게 이런 거구나. 이렇게 국민들을 호도하고 왜곡하고, 속이는구나. 그렇다면 이 사건도 뭔가, 뭔가 우리가 모르는 게 있지 않냐'라고 생각하는 거지. 그게 하루 이틀이 아니야. 계속 속이는 거야, 계속. 그래서 이거는, 그래서 난 그럼에도 불구하고 난 참사 끝나고 조사라도 이제 제대로 할 줄 알았어요. 근데 조사도 안 하는 거야. 조사하자는 우리가 잘못됐다는 거지. 이런 게 이해가 안 되는 거지.

그래서 '현행법으론 도저히 안 되겠다' 그래서 인제 우리 유가족들이 판단해 가지고 '특별법을 만들어야겠구나' 그래서 특별법을 만들겠다는데 안 해줘. 그래서 거리로 나간 거예요. '그래, 이건 도저히 말로 해서 안 되는구나' 그래서 거기 이제 뭐야, 영정 사진 들고서 나가가지고, 사실은 그거 거기 추모 공원 가가지고 뭐라 그래 그 납골 그거 납골 있잖아, 유골함. 그걸 들고 갈라 그랬어. 그걸 들고 나갈라 그랬는데, 그건 애들한테 너무 몹쓸 짓인 거 같애가지고. 애들 영정 들고 나가가지고 그때부터 이제 농성이 시작된 거였지. 그때 그 화근이 그거였지. 그 KBS 방송에서 세월호 참사를 일반 교통사고로 치부하고, 그렇게 하는 바람에 거기에 분개해 가지고 그거 한 사람 "나와라, 책임져라. KBS 사장이 사과해라" 그래서 사과했으면 그냥 돌아올라 그랬는데, 사과를 안 해. '그럼 누구한테 얘기를 해야 되나? 그 윗사람 누구야?' 그 윗사람 청와대밖에 없잖

아. 그래서 청와대 간 거예요. 그래 청와대 가니까 청와대까지 못 들어가게 해. 그래서 청운동 동사무소에서 길거리에서 그냥 누워 버린 거야, 그날부터.

그날 또 비가 왔잖아. 그래 가지고 그날 비닐 뒤집어쓰고, 비닐 뒤집어쓰고 2, 3일 지난 거야. 그러다가 이제 천막 치고, 그래 청운동만 해선 안 되겠다. 그래서 국회도 가고, 광화문, 광화문에서 단식 들어가고 그렇게 시작한 거야. 이게 우리가 하려고 한 게 아니고 국가가 이렇게 만든 거예요. 아니 이런 참사가 일어났는데, 그래서 원인이라도 알려고 하는데 원인도 안 알려주면 우리가 그럼 그냥 '아, 그래요' 하고, '아, 알았습니다' 하고 넘어갈 수 있는 문제가 아니잖아, 더더군다나 애들 문젠데. 그렇게 된 거예요.

5
아이를 만나기까지 진도에서의 경험

면담자   지금까지 이렇게 긴 일이 됐는데, 방금 시작점들을 말씀해 주신 것 같아요. 근데 그러기 전에 아버님 머릿속에 다 있겠지만 진도에서의 시간도 사실 굉장히 길고, 말씀대로 거짓말을 시작한 그날부터 또 굉장히 사건이 많잖아요. 그리고 이제 수연이를 찾으시게 되기까지 과정이 길고, 그 과정을 쪼끔 더 자세히 여쭤보고 싶어요. 처음에 버스 타고 내려가셨다고 하셨는데, 학교에서 바로 출발하셨나요?

수연 아빠   그렇죠. 학교 정문에 버스가 계속 이제 들어갔어요. 계속 뭐 학부모들은 줄 서 있고, 거기 뭐 학부모만 있었던 건 아니었겠지. 일반 가족, 일반 시민들도 있었고 많았겠지. 그러다 보니까 인제 인원이 많다 보니까 계속 그냥 버스 줄 세우고 태우고 내려가고, 태우고 내려가고 그랬었어요. 그랬는데 2시 반에 출발했어요, 2시 반에.

면담자   그럼 거의 저녁에 도착하셨겠네요?

수연 아빠   거의 7시. 5시간 걸리니까 거기 7시 넘어가지고 어두워졌을 때 도착했지.

면담자   그때 처음에 딱 가셨을 때 풍경이 어땠나요? 팽목으로 먼저 가셨나요?

수연 아빠   아니지, 진도체육관으로 갔지. 나는 체육관으로 갔어요. 팽목부터 간 사람은 팽목 계속 머물러 있는 거고, 체육관은 체육관, 그래서 둘이 갈라졌어. 버스가 체육관에 선 거야.

면담자   그냥 세워주는 데 계신 거네요?

수연 아빠   세워다 준 거지. 세워다 내리자마자 이제 명단부터 본 거야. 마음은 포기는 했지만 그래도 명단을 보게 되잖아. 명단에 이름은 쭈욱 써 있어. 그걸 보면서 가족들은 이제 오열을 하고, 쓰러지기도 하고, 뭐 그러는데, 없지. 가서 명단부터 보는 거지. 바깥에 체육관 들어가기 전에 이미 명단 쫙 써 있어요. 1반 누구, 2반

수연 아빠 이재복

누구, 그걸 보고 이제 체육관 들어가는 거지. 체육관 들어가면 아수라장이지 뭐. 아니 거 뭐 천막 하나 달랑 해경들 지휘부라는 사람들 앉아 있고, 국회의원들 좀 와 있고. 그때 내가 가서 한 얘기는 에어포켓이란 얘기를 들었거든. '에어포켓이 있을 수 있다. 아직 배가 들어가지 않은 것은 내부에 공기층이 있기 때문에 들어가지 않은 거기 때문에 에어포켓이 있다고 하는 것은 그 안에 산소가 있고, 산소가 있으면 생존자가 살았을 가능성이 있다, 몇 명이라도'. "그러면 빨리 그것만이라도 없어지기 전에 사라지기 전에 구조해야 되는 거 아니냐. 그리고 더 침몰하지 않게 배를 그거를 끌어올려야 되지 않냐" 그 얘길 했지. 그 해경 경비과장하고 몇 명 이렇게 있을 때, 그래서 "에어포켓이 있는 걸 인정하냐" 하면 인정을 한대. 뭐 다들 얘기하면 인정은 한대. 다들 뭐 얘기하면 다 인정은 해. 인정은 하는데 뭐 수습, 후속 대책이 없어, 후속 대책이. 그리고 그날은 그렇게 넘어갔지. 그리고 그다음 날 인제.

면담자   아버님 혼자 가셨나요? 어머님은요?

수연 아빠   나 혼자 갔어, 엄마는 집에 있었고. 내려가 가지고 또 딴 날은 또 해경 지휘본부 팽목항 가가지고 다른 부모하고 가서 "그럼 이 배가 안 들어가게", 자기네들이 얘기하는 거 그거거든. 바지선으로 크레인으로 그거 끌어올리면 바지선이 빨려 들어간다 이거야. 그건 핑계야. 그러면 나하고 가서 얘기한 거는 "그럼 잡고만 있어라. 끌어올리면 딸려 들어간다고 하니까 더 안 내려가게만 해

라. 그럼 구조하기 쉽지 않겠냐. 잡고만 있어라" [그러면] "예, 알겠습니다" 대답은 잘해. 그러고 또 없어.

그다음 날 이제 뭐 부모들이 에어포켓 있다고 그러니까 "에어가 빠져나가기 전에 산소래도 주입시켜라" 그래서 그다음 날 오후가 그다음 날 언제 하도 인제 부모들이 인제 에어를 주입시키라 그래 가지고, 그거 주입을 시키는 작업을 한 거야. 그다음 날인가 하여튼간 오후 거 같애. 근데 에어를 주입시키니까 배가 그냥 쑥 들어간 거거든, 주입시키는 순간. 배가 그냥 확 들어간 거거든. 알고 보니까, 나중에 알고 봤더니 그게 에어가 공업용 에어라는 거 아니야, 공업용 무슨 에어. 일반 사람이 살 수 있는 에어가 아니고. 그러니까 시늉만 한 거야. 시늉만 하면서 더 집어넣은 거 같애. 아예 그냥 수장을 시킨 거 같애. 그나마 막 1프로래도 생존할 수 있는 사람이 있을지도 모르는, 그 1프로의 가능성도 그냥 수장시켜버린 거야. 어떻게 또 에어를 넣는다니까 [배가 물밑으로] 쏙 들어가냐고. 쏙 들어간 게 그거야, 이틀째. 그래서 그마저도 인제 완전히 잃어버린 거지.

그러고 그다음, 둘째 날 저녁에 대통령이 온 거 아니야. 다 모든 게 정리가 된 다음에 온 거 아니야. 대통령 온 날도 구조 활동 전혀 못했어요. 왜 안 했나 했더니 의전, 대통령 와가지고 뭐 브리핑하고 알려주고 그러느라고 못했다더만, 나중에 알고 보니까. 또 4~5시간을 (한숨) 대통령 온다 그러니까 또 길 닦아놓고 또 막 기다리고, 막 줄 서놓고, 줄 서서 또 악수하고 해야 하잖아. 상황 브리핑을 하고. 상황을 그때까지 몰라가지고 브리핑을 해? 다 알고 있는데 우리는. 다 알고 있어야 되는데, 그거 하느라 4~5시간을 못했다고 하드만, 구조 활동을. 그리고 저녁에 온 거야. 그리고 우리 가족들이 제대로 안 하고 있다고 하니까 해경이 지금 이 책임 있는 사람들이 책임을 다 안 하고 있다고 하니까 "확인해 보고 제대로 안 하면 다 옷을 벗길" 거라고 뭐 이런 얘기도 하고 그랬다고, 뭐 무대에 올라가서, 가족들이 보는 앞에서. 그 상황에서 해경청장이라는 사람은 그 상황에서도 거짓말을 하더라고. 수십 명의 뭐 잠수 구조대가 뭐 투입을 하고 있고, 수십 척이 뭐 구조하고 뭐, 수십 대의 뭐 헬기가 떠가지고 대대적으로 뭐 구조 활동 하고 있다고. 아주 뭐 가족들 뻔히 보고 있는데 눈을 뜨고 보고 있는데 대통령 옆에서 거짓말하고 그래서 난리친 거야, 뭐 하냐고 지금. 장난하냐고 지금.

그래서 그 순간에는 생각을 못했지만 지나와서 생각해 보니까 대통령이 알고 있었던 거 같애. 아니 대통령이 몰랐으면 어떻게 그렇게 쉽게 거짓말을 해, 해경 지휘부가. 해경 최고 지휘관이라는 사람이, 말도 안 되는 얘기지. 뻔히 대통령 알고 다 묵인하니까 그렇게 쉽게 거짓말한 거지. 어떻게든지 알고 있었던 모양이야. 다 한통속인 거야, 쉽게 얘기해서. 그러니까 형식적으로 그렇게 여론이 안 좋고 그러니까 내려온 거예요. 그래도 뭐 좀 될 줄 알았지, 대통령까지 내려왔으니까. 그리고 또 올라갔잖아. 그다음 날, 그다음 날 뭔가 좀 액션이 있을 줄 알았더니 없어, 똑같애. 그래 가지고 우리가, 우리가, 우리가 제시를 했지. "방법을 어떻게 어떻게 해라"

그제야 좀 움직이려고 하고.

하도 진척이 없어 가지고 그럼 책임자 또 와라 하다가 결국은 해수부 이주영 장관이 오고, 알고 보니 국무총리도 내려와 있다는 걸 정보를 들어서 알게 돼서 진도군청에 국무총리 내려와 있는데 "왜 안 오냐, 국무총리 와라, 와라" 처음에는 부인하고 그러더니 결국 들통나지. 그래 가지고 왔어. 와가지고 밤새 국무총리 붙들어놓고 얘기를 하고, 그래도 해결이 안 되네. 그래 가지고 3일째, 4일째 되는 날 새벽에 부모들이 '안 되겠다. 대통령 만나야겠다' 이래서 걸어 나간 거 아니야. 진도대교에서 이제 막혔지만. 그렇게 된 거예요. 그때부터 인제 올라가서 찾아가서 올라가고 해서 이렇게 올라간 거지.

면담자　　　4일째까지, 아버님은 그럼 계속 혼자 계셨어요? 어머님 안 내려오셨고요?

수연 아빠　　　아니요. 집사람 안 내려왔어요. 계속 안 내려왔어요. 내려오지 말라 그랬어. 지금 집사람도 정신, 마음이 안 좋고 그래 가지고. 여기서 돌봐주는 사람도 있고, 음식도 갖다주고 하더라고. 또 그런 건 또 잘하더라고. 시에서 뭐 해가지고 음식 갖다주고.

면담자　　　첫날부터 바로 그랬나요?

수연 아빠　　　어, 첫날부터 바로.

면담자　　　시에서는요?

수연 아빠 이재복

수연 아빠 　시에서는 바로 그런 조치를 하더라고. 그래 가지고 첫날, 첫날 그날은 아니고 그다음 날 정도부터 뭐 음식하고, 그날 내려간 날은 처남들은 좀 왔고. 그다음 날 우리 본가에서도 오고, 왔지. 그래서 그날, 그다음 날 본가에서 우리 어머니 오고, 그래 가지고 자리를 깔은 거야. 자리도 안 깔고 그랬었는데, 나 혼자 같았으면 뭐 그런 거 신경 안 쓰는데, 어머니하고 우리 형제들 오고 그러니까 자리를 조금 까는 거잖아. 자리 깔고 거기 터를 잡게 되는 거지. 거기서 계속 생활했던 거지. 일주일 동안 있다가 애 올라와 가지고, 일주일 동안 있으면서도 끝까지 있으면 어떡하나 이런 걱정을 했으니까.

면담자 　그런 걱정을 하신 게 언제쯤일까요?

수연 아빠 　다들 나오는데 우리 애는 안 나오니까. 그렇게 고 시간 고 짧은 기간인데도 굉장히 오래오래 걸린다고 느꼈고, 혹시 제일 늦게 올라오는 거 아닌가 걱정도 할 정도였으니까. 미수습자들은 뭐 오죽하겠어. 근데 이제 155번째로 인제 나왔지. 155번째 나왔는데 사람 감이라는 게 딱 그렇게 무서운 거더라고. 23일 날, 일주일째 되는 날, 진도체육관, 체육관에 누워 있었어. 10시가 좀 넘었어. 쫙 스크린에 지나가요, 인상착의가. 나온 애들 인상착의가 지나가. 근데 우리 애 같은 경우에는 다 새거로 옷을 입어가지고 옷 이름, 옷으로 얘기하면 몰라. 더더군다나 아빠는 더 모르지, 엄마는 [알아도]. 다른 건 다 모르고 "긴 머리에 키 크다" 이게 딱 지나가는데 왠지 저게 우리 애 같애, 느낌이 사뭇 오더라고. 긴 머리에 키가 크고 이거 하나가 딱 그냥. '저거 확인해야겠다' 싶어 가지고, 그 확인하는 막사가 또 있어. 가가지고 우리 애 인상착의를 얘기하는데 뒤에서 누가 듣고 있었던 거야. 애 사진 보고 듣고 있던 거야. 애가 딱 올라오니까 사진 찍어놓은 게 있더라고. 그걸로 애가 인상착의 비슷하니까 이게 잘 안 보여주는 건데 보여주더라고. 그래서 우리 애라는 걸 이제 확인하고서 23일 날 11시 반에 제일 마지막에 두 애가 올라왔어. 우리 애, 여자애 한 명하고 남자애 한 명. 여자애가 우리 애였지. 23일 날 인제 가서 확인하고, 24일 날 데리고 올라왔지.

면담자 팽목에서 확인하신 거네요?

수연 아빠 그렇지. 그건 다 팽목이지. 그거 확인하는 건 팽목이에요.

면담자 그러니까 안내가 뜨면 팽목으로 이제 가시는 거죠?

수연 아빠 그렇지. 그게 안내가 뜨면 '우리 애가 비슷하다' 싶으면 내려가는 거예요. 내려가 가지고 인제 올라오는 거 다시 한번 확인하는 거고, 그 내려가면 다시 브리핑을 해요. 다시 정확하게 인제 세세하게 다 머리끝부터 발끝까지 보는 사람이 있다고 하더라고, 염하는 사람들이 전문가들이 있다고 하더라고. 그 사람들이 시신이 올라오면 싹 씻겨가지고, 점 있는 거부터 다 올린다니까. 특이 사항 같은 거 일일이 다시 또 브리핑을 한다고, 그러면 거기 확신이 있는 사람은 이제 딱 '우리 애다' 해가지고 들어가고, 확신 없는 사람들은 몇 사람 또 확인하러 들어가기도 하고. 근데 우리 애 같은 경우는, 나 같은 경우는 미리 확인하고 들어갔던 거고.

면담자　　　사진으로 확인을 하고요?

수연 아빠　　응, 사진을 보고.

면담자　　　그 사진을 보여주는 건 그걸 담당하는 사람이 있던 가요?

수연 아빠　　있지, 그걸 담당하는 사람이. 나도 몰랐는데 나하고 얘기한 사람은, 인상착의 얘기한 사람은 다른 사람이었는데, 사진을 보고 있었던 거야, 한 사람은. 그 사람이 인제 와서 보여주는 거야. 비슷하니까 보여주는 거야. 그니까 우리 애라는 걸 알고서 내려갔지. 알고서 내려갔는데, 두 명이 올라왔다고 하는 걸 알고 갔음에도 불구하고 또 많이 왔어. 그러니까 혹시나 하고 와서 또 들어보는 거야, 아닌데도 불구하고. 또 가서 들어보는 거야. 한 30명이, 30명 이상 왔어.

면담자　　　그렇게 많이 왔나요?

수연 아빠　　많이 오지. 나는 알고 있었으니까, 나는 알고 있었는데. 결정적인 게, 다들 비슷하잖아, 다 애들이. 결정적인 거는 우리 애는 그해 14년도에 1월 2일 날 성형수술을 했거든. 쌍꺼풀 수술을 했거든. 그래 가지고 결정적으로 마지막에 "눈에 수술했습니다" 딱 그러는 거야. 그랬더니 "우리 앱니다" 내가 그랬지. 거기서 틀리잖아, 사람들이. 그러면서….

면담자   네. 아버님이 부모님들을 계속 '우리'라고 표현하셨는데 사실 처음에 내려갔을 때는 그렇지 않았죠?

수연 아빠   다 모르는 사람들이었지. 다 모르는 사람이었어.

면담자   근데 어떤 과정으로 얘기를 하시게 되시고, 주로 가족분들 중 어떤 사람이 제안 해결책을 계속 제시하셨나요? 그때 발언을 하신 분들이 어떤 사람이었고, 그 발언을 하신 분들은 또 가족들이랑 어떤 식으로 소통했는지 말씀해 주세요.

수연 아빠   다 흩어져 있어서 따로따로 했어요. 물론 뭐 앞에서 나선 사람들도 있었지만 오히려 그 앞에서 나선 사람들은 가족, 부모가 아니었어. 부모는 그걸 나서서 할 겨를도 없었고, 경황도 없었고. 지나고 나서 하는 얘기지만, 거 나서고 그런 사람들은 어, 소위 자기네들 삼촌, 약간은 한 다리 거쳐 있는 삼촌들, 약간은 쫌 인제 냉정하게 보고 인제 할 수 있는 사람들, 그런 사람들이 처음에 전면에 나섰었어. 그런데 그런 사람들은 위에 올라와서는 한 번도 안 보였어요. 팽목에 있을 때 무슨 생각을 갖고서 어떤, 나름대로 의도라고 하면 너무 심한 얘길지 몰라도 어떤 생각을 가지고 앞에 나섰는지 몰라도, 뭐 삼촌이라 그래, 나중에 알고 보니 올라와선 한 번도 안 나오더라고. 처음엔 나섰던 사람 한 번도 안 나오더라고. 한참 지난 다음에 부모들이 이제 나서기도 하는 사람도 있고. 근데 별도로 움직였지. 다 따로 움직였지. 팽목은 팽목대로 체육관

106

수연 아빠 이재복

은 체육관대로 따로따로 움직였지 뭐. 많이 우왕좌왕했지. 그러고 서 모이기 시작한 것은 올라와서. 올라와서 이거를 '아, 우리가 좀 모여서 얘기를 해야 되는 거 아니냐', 대응 방식이나 방책을. 모여 가지고 시에 얘기해 가지고 올림픽, 여기 와스타디움 강당을 빌려 준 거예요. 거기서 모이기 시작한 거예요, 반별로 딱. 그때 처음으 로 모이기 시작한 거지.

반별로 모이기 시작하니까 누구 엄마, 누구 아빠 얘기가 나오기 시작하잖아. 그때부터 '누구 엄마, 아빠다', 그때 처음 만났지만 동 질감을 갖기 시작한 거야. 바로 동질감을 갖기, 가지면서 바로 가 족이 돼버리는 거야. 애 아빠, 엄마라는 그 이유 하나만으로 바로 가족이 돼버리는 거야. 그래 가지고 박원순 시장이 말일 날 내려와 서 얘기할 때, 박원순 시장한테 내가 하는 얘기가 "우리는 가족이란 것은 피를 나눈 가족이 있지만 우린 한으로 맺은 가족이다" 이런 얘 길 한번 했지요, 표현을. 좀 '한으로 맺어진 가족'이지 한마디로, 서 로 인제 위로가 되고 마음 터놓고 얘기할 수 있는. 가족보다 가깝 고, 어떻게 보면 가족보다 가깝지. 지금은 실제 피로 나눈 가족한 테도 마음 터놓고 얘기 못해요. 이해를 못해요. 근데 지금 뭐 만난 지 얼마 안 된 사람들이 우린 벌써 말이 통하잖아. 그러니까 우리 가족들이, 우리 유가족들이 만나야 얘기하면서 웃음도 나오고 그 러는 거예요, 울기도 하고 웃기도 하고. 근데 그 외에 사람들은 만 나도 전개도 안 되고 이야기가 전개도 안 되고, 웃음은 절대 나올, 나오지도 못하고 얘기 자체가 안 되니까 그러니까 일상으로 못 돌아가는 거지. 최소한 뭐가 해결되기 전까지 못 돌아가는 거지.

면담자   진도에서는 그럼 가족들이 이렇게 뭉친다거나, 다른 가족분들이랑 함께한다든가 그런 게 딱히 없었던 건가요?

수연 아빠   진도 있을 때 모이긴 모였어요, 중간에 한 며칠 지나서. 그니까 4일, '대통령 만나야 된다'고 하고 '쳐들어 올라가야 한다'고 하고부터, 그다음 그 5일째 되는 날인가, 4일째 되는 날부터 같다. '아, 이렇겐 안 되겠다' 해가지고, 일단은 반별로 좀 모이긴 모였지. 왜냐면 다 흩어져 있고, 팽목은 팽목대로 체육관은 체육관대로 너무 우왕좌왕해 가지고 한목소리가 안 나와. 그래서 의견 취합도 좀 안 돼. 그래서 일단 반별로 모이자 해가지고, 체육관 그 위에서 관중석에서 1반, 2반, 3반, 4반 쫙 붙인 거야. 붙여가지고 반별로 다 모인 거야. 그래서 임시 반 대표도 선출하고 막 그랬어. 그래 가지고, 그래 가지고 반별로 모이면서 얘기 나오는 것들 전달해 가지고 의견 취합도 하고, 그때 좀 몇 명을 봤지. 팽목에 있던 사람들은 그래도 못 봤어요, 못 올라와 가지고. 아는 사람은 왔는데 아예 팽목에 전달 자체가 안 되거니와 전달한다고 그래도 그쪽은 또 그쪽대로 막 또 이상하게 성격이 좀 틀려. 활동하는 게 성격이 틀렸어.

거기대로 하다 보니까 이 체육관 쪽으로 신경을 못 쓴 거야. 그러니까 모임을 갖는데도 팽목항에 있는 사람들은 못 올라오고 체육관 있는 사람들은 좀 많이 모였지. 그리고 바로 막 또 애들 올라오고 올라가고 이러니까 계속 모이지도 못했어요. 올라가고, 막 나도 일주일 만에 올라갔으니까. 물론 그 뒤에 모임이 있을 순 있겠지만 그게 거기서 모임은 제대로 이뤄지진 못했지. 대신 의견 나왔을 때 합의점을 좀 찾아야 되니까 모일 사람은 일단 모인 거지. 거기서 무슨 해결된 게 있겠어요. 거기선 해결된 게 없지. 올라와서 본격적으로 활동하면서 해결하기 위해서 움직이고 했던 거지.

면담자   그럼 아버님은 그때 주로 얘기를 나눈 사람이라든지 그런 게 있나요?

수연 아빠   거기서 가족들끼리도 얘기를 못했어요, 별로. 아는 사람이 없으니까.

면담자   정말 따로따로였네요.

수연 아빠   따로따로. 개별적으로 그냥 식구들끼리 얘기, 개별적으로 식구들끼리. 그때는 얘기하고 자시고 경황도 없고, 우리 애만 보고 싶은 거야. 우리 애를 찾아야겠단 그거밖에 없어요. 그러니까 맨날 인상착의 이것만 쳐다보고 있는 거야. 이게 스크린 나오는 거 맨날 보고 있고, 화장실 오며 가며 어제 붙여놔, 못 찾은 사람, 신원 미상 이런 거 확인하고, 오로지 애 찾는 데만 신경 썼지. 가족이 누군지도 모르고. 얘기할 경황도 없고, 애 찾고 올라가서 모여가지고 서로 얘기를 한 거지.

면담자   아까 '거짓말' 얘기하셨잖아요. 되게 핵심적인 부분인 것 같은데요. 또 거짓말에 엄청난 일조를 한 게 언론이고요. 그때 진도에서도 언론 상황을 파악을 하고 계셨나요?

수연 아빠   언론이 와가지고 다 그걸 봤죠. 언론이 왜 못 봐, 그걸. 언론이 어떻게 보면 막 그냥 진도에서 팽목항 들어가는 길목에 언론이 쫙 깔려 있었으니까. 대한민국에 언론이라는 언론은 다 왔으니까 뭐 지상파뿐만 아니라 인터넷 언론까지 다 온 거 아니에요. 그러니까 언론이 실상이고 뭐고 다 더 잘 알지.

면담자   근데 아버님이 인제 언론에 나오는 보도도 그때도 동시에 보셨나요? 보도가 어떻게 되고 있는지 보고 계셨나요?

수연 아빠   정확히는 못 봤어요. 나도 들은 거지, "아, 오보가 나가고 있다". 그때 뭘 봤겠냐고, TV가 있겠어, 라디오가 있겠어. 물론 핸드폰 있지만, 핸드폰에서 가끔 보긴 봤지. 정확힌 안 나왔지. 구조 상황 이런 거만 나왔지. "구조를 대대적으로 하고 있다. 총동원을 해가지고 하고 있다" 그런 식으로만 나오는 거지. 그러면서 "몇 명 구조됐다" 이런 거, 그런 거만 나오는 거지. 그리고 그땐 많이 보지도 않았어요.

면담자   그러니까 그때는 언론보도에 대해서는 그렇게 의식하지 않았던 거죠?

수연 아빠   아니, 익숙지가 않았어, 일단. 나는 직장생활을 한 20년, 25년, 거의 30년까지 직장생활을 해오면서 다른 일반 서민들 다 비슷하겠지만 아침에 7시에 나가가지고 저녁에 8시, 9시에 들어와요. 야근하고 그럼 하루 종일 이거 안 처다봐요. 참사 이후에 보기 시작했어요. 일에 바쁜데 뭐 이런 걸 보고 있냐고. 신문? 신문도 힘들어요. 가끔 책상에 앉아 있으면 일하잖아, 일. 일하기 바빠요. 일하기 바쁘고 짬짬이 가끔 [시간] 내가지고 인터넷 가끔 들어가고 이런 거 보는 거지. 익숙해지지가 않아. 우리가 내려가 있었어도 이거 많이 안 봤어요. 이게 우린 익숙지 않다니까, 일단. 그러니까 우린 애만 찾고 한 거야. 애에 대한 생각이 얼마나 힘드냐고. 애가 없어졌는데, 애가 죽었는데 무슨 생각을 하고 뭘 들여다보냐고. 오보를 하고 있다고 얘기를 하니까 그런 걸 아는 거야, 실제 또 그런 거 같고.

면담자 　　그때 진도에서도 "오보를 하고 있다" 이런 얘기는 들리셨어요?

수연 아빠 　　그렇게 말하니까, 주변에서 그걸 보는 사람들이 있을 거 아니야. 그 사람들이 얘기를 하는데 한두 사람이 아니잖아. 이구동성으로 다 얘기를 하는 거야, 다 인정을 하고. 그러면 그게 사실이 아니면 그게, 우리들끼리 거짓말한다는 얘기야. 그건 아니잖아.

면담자 　　네. 근데 그때는 아이를 찾는 게 핵심이었던 거죠? 지금은 언론의 문제 이런 게 워낙 많이 보이지만요?

수연 아빠 　　그렇지.

면담자 　　그때는 사실 그럼 그런 걸 생각하실 경황이 없는 거였군요.

수연 아빠　　　그런 거지. 미수습자도 사실은 아직도, 진도 지금 팽목항 체육관에 거기 머물러 있는 거예요, 미수습자도. 언론에서 얘기하는 거? 귀에 잘 안 들어와요, 그 심정을 내가 안다니까. 내가 일주일 만에 애 찾았지만, 일주일 애 찾기 전 상황이나 지금 미수습자 상황이나 큰 차이가 없어요. 그래서 이해한다는 거야. 미수습자는 오로지 애야. 애를 만나야 돼, 지금. 애를 얼굴은 볼 수 없지만 뼈라도 찾아야 돼. 그래야 애를 찾는 거 아니야. 애를 내 손으로 뼈래도 만져야 된다니까. 그래야지 애를 찾는 거잖아. 그래야 무슨 뭐 장례도 치르고 뭐 그래야지. 형식적으로라도 보내줘야 된다는 거 아니야. 장례를 치러야 형식적으로 보내주잖아. 그걸 못하고 있으니까 지금 다른 건 귀에 안 들어오는 거예요. 진실? 이게 문제가 아니지요. 물론 중요하지만, 일단은 [애를] 찾고 나서 진실이야. 그거보다 더 중요한 거예요, 어떤 면에서 애 찾는 게. 그걸 우린 이해한다니까. 모르는 게 아니라니까.

　　근데 이제 해도 해도 너무한다는 것은, 그걸 모르는 건 아닌데 배후에서 보는데 자꾸 다툼을 비추니까 외부에서 볼 때는 누워서 침 뱉는 거잖아. 우릴 욕하잖아요. 그런 거 때문에 좀 이제 냉정을 찾으라는 거, 그런 거고, 계속 우리가 받아주고 있는 거야, 지금 그래도. 〈비공개〉 오로지 온 신경은 애한테만 가 있는 거야. 애를 찾아야 돼. 지금 다른 거 없어, 이 사람들은. 진실이고 나발이고 지금 그게 문제가 아니여. 배 올라오는 것도 애 찾는 것 땜에 올라오는 거예요. 이거 유실 방지망을 왜 쳤는데, 이 배 올라올 때 뼈라도 찾아야 되는데 뼈 날아가면 어떡할 거야. 혹시 배가 올라올 때 뼈라도 떨어지면은 바닥에 떨어지면은 그걸 주어야 되니까 유실 방지망 쳐달라, 그래서 쳐준 거예요, 그래서 쳐준 거라고. 그래서 오로지 온 신경은 애한테 가 있는 거예요. 그러니까 우리 일주일처럼 똑같다니까. 아직도 그 상황 때 머물러 있다니까. 근데 그 사람들도 이제 애 올라오고 나면 유가족으로서 우리보다 어떻게 보면 더 왕성한 활동을 할 수 있겠지. 〈비공개〉

면담자　지금 해주신 설명이 미수습자 분들 상황이랑 이제 유가족분들의 진도 상황을 잘 이해하게 해주는 것 같아요.

수연 아빠　이해가 좀 돼요?

면담자　네. 그렇게 말씀해 주시니까 이해가 돼요.

수연 아빠　뭐가 다른지. 미수습자하고 뭐가 다른지 상황이 좀 이해가 가죠?

면담자　네. 어떤 경험이 공유되고 있는지도 한편으로는 또 이해가 되고요.

수연 아빠　어, 그러니까 우리가 애 찾으려고 인상착의 이렇게 맨날 보고 있듯이 지금 미수습자[들은] 고거만 보고 있는 거예요, 지금. 근데 보여주는 거, 보이는 거 없잖아. 브리핑을 안 해주니까 온 신경이 바다에 가 있는 거예요 지금, 빨리 애 찾아야 되는데. 〈비공개〉

장례를 치르는 과정

면담자　　　네. 진짜 어려운 상황이네요. 수연이가 23일에 뭍으로 올라오고, 24일에 안산에 데리고 올라오셨다고 하셨는데 그사이에 장례를 치르는 과정이나 올라오기까지 과정, 절차, 기억나시는 대로 말씀해 주세요.

수연 아빠　　　23일 날 11시 반에 올라왔어요. 11시 반에 올라와 가지고 애 만나고, 12시 넘어 그다음 날 넘어간 거지. 근데 바로 안 올라왔어. 왜냐면 짐도 꾸려야 되고, 일단 어쨌든 짐도 꾸려야 되잖아. 짐도 꾸려야 돼서 아침에, 아침에 영구차, 영구차로 올라왔지. 택시 따라 뒤에, 택시 따라서 올라온 거지. 그때 말야, 차가 너무 많이 막 몰려가지고 22, 23일 날 집중적으로 몰려왔어요. 그래서 장례식장이 없었어, 장례식장이. 〈비공개〉 하여튼 근교에 식장이랑 식장은 다 찾았는데 저 중앙병원 1동에, 1동 중앙병원에 〈비공개〉 24일 날 오후에 들어간 거지. 그거는 다행히 좀 [해결됐지]. 심지어는 뭐 장례식장이 없어서 근교에 뭐 외부에 나가서 하는 경우도 있고 그렇다고 하더라고.

면담자　　　이제 장례를 치르는 과정에서 뭐 이제 오신 분들이나 그런 것도 많이 기억나시나요, 혹시?

수연 아빠　　　많이 왔죠. 그래도 생각보다 많이 왔어요. 뭐 사안이 사안이니만큼 전 국민이 관심사고 또 나를 아는 쪼끔이라도 아는 사람들은 거의 다 온 거 같애, 거의 다. 그래 나는 별로 올 사람이 없을 줄 알았는데 관심이 워낙 크다 보니까 또 하다 보니까 많이 와주셨더라고. 참 고마웠지. 근데 그러고 나서는 내가 많이 연락을 못했어요. 할 수가 없었어. 단절돼 있다 보니까 그런 점에 있어선 좀 미안하지. 많이 찾아주고 이런 거 또 일일이 고맙다고 인사를 해야 되는데 연락도 못하고 그냥. 이 일상에서는 단절된 생활을 하니까 그건 좀 미안한데 이해해 주리라 믿고, 직장생활도 그러고선 한 3개월 하다 그만뒀어요, 도저히 못하겠어서. 한 3개월 하면서 직장하고 연관되는 사람한테는 만나서 얘기를 했지만 직장을 그만두고 나서는 완전히 다 끊어졌지.

면담자   네. 복귀는 언제 하셨어요? 바로 장례 치르고 복귀하셨던 거예요?

수연 아빠   바로 그러고서 5월 8일 날 복귀했으니까, 한 일주일 정도. 장례 치르고 일주일 정도 있었지. 5월 8일 날 나가서 한 8월 말쯤에 그만뒀으니까 3개월 정도 다녔지.

7
자녀의 친구 관계와 참사 이후 가정에서의 자녀

면담자   수연이 장례를 치를 때, 수연이 친구들은 많이 왔나요?

수연 아빠   모르겠어요. 나 그때 누군지 모르는데 학생 한 두 명은 왔었어요. 학생 두 명이 와가지고, 조용히 예 치르고 가더라고. 누구냐고 잘 얘기를 않고 잘 아는, 안다고 그러더라고. 두 명 왔어요, 두 명. 누군진 몰라요. 누군지 어떻게 알아. 이름 얘기해도 모르지. 두 명 왔었어.

면담자　　　혹시 수연이 친구랑 아버님 말고 어머님이라도 지금 연락은 안 하나요?

수연 아빠　　　다른 학교 다니는 친구가 친한 친구가 있어요. ×× 이라고 강서고등학교, 지금은 □□대학 다니는데, 한 세 번 만났지, 제일 친한 친구. 그래 가지고 우리 수연이 이제 희생된 걸 늦게 알았나 봐. 며칠 지난 다음에 그래, 우리 지 엄마, 수연이 엄마한테 막 뭐라고 하는 거야, 왜 안 알려줬냐고. 막 뭐라고 했대.

면담자　　　그 친구가요? 본인한테 왜 안 알려줬냐고 뭐라고 한 거예요?

수연 아빠　　　어. 그 친구가 왜 안 알려줬냐고 난리를 쳤다 그러더라고.

면담자　　　어머니한테 연락 와서요? 어머니 연락처를 알고 있었던 모양이네요.

수연 아빠　　　어. 나중에 이제 만나가지고 장례식도 못 갔다고. 우리가 알 수가 있었나. 근데 자기는, 자기도 미안하고 답답하고 한스러워서 그렇게 하는 거지. 그리고 우리 『약전』[『416 단원고 약전』]

할 때, 『약전』 작가하고 만나잖아요. 만날 때 친구를 좀 불렀지. 수연이에 대해서 좀 아는 거 있으면 얘기 좀 해달라고 그래서. 그때 처음 봤어. 응. 왔는데.

면담자   아버님은 그때 처음 보신 거예요?

수연 아빠   그 전에 한 번 봤다. 그 전에 '추모 공원 한번 봐야겠다' 그래 가지고 한 번 데리고 갔었지. 엄마하고 나하고 같이 가서 한 번 가서 보여주고, 거『약전』할 때 인제 또 와서.

면담자   아버님, 어머님이 해달라고 부탁하신 거예요?

수연 아빠   얘기 좀 해달라고 애에 대해서. 그때 애에 대해서 몰랐던 걸 많이 알았지. 그니까 애가 집안에 있을 때하고 바깥에 나갔을 때하고 틀리더라고. 깜짝 놀랐어. 모르는 걸 알았어. 너무 애를 몰랐단 생각이 많이 들더라고. 또 워낙 내 일에만 빠져가지고 신경을 못 쓰는 것도 있지만, 애가 그렇게 노래 좋아하고 춤 좋아하고, 바깥에 나가서 활달하게 친구들하고 잘 지냈더라고. 집에 있을 땐 말을 잘 안 했으니까 집 안에 있을 때는. 거의 뭐 지방에 딱 들어가면 자기 세계에 빠져가지고 부모하고 얘기를 별로 안 했어요. 어렸을 때 사춘기 오기 전에 굉장히 내가 막 안아주기도 하고 뒹굴기도 하고 그랬는데, 사춘기가 초등학교 5학년 땐가 막 오기 시작하면서 피하더라고. 내가 안으려 그러면 뒤로 돌고 막 피하더라고. 그때부터 좀 멀어진 것 같아. 보니까 좀 얘기도 뜸하게 되고, 그래 사춘기니까 그러려니 한 거지. 그러면서 말수도 줄어들고 그래서 성격도 좀 내성적이 돼가고. 좀 나름대로 외모에 콤플렉스가 생겼었어. 크면서 좀 외모에 신경을 많이 쓰는데 비교도 하게 되잖아. 근데 외모 콤플렉스 좀 있다 보니까, 어 거기에 대해서 고민도 좀 하는 거 같더라고, 내가 볼 때는.

그래서 2학년 올라오자마자 성형수술, 쌍꺼풀 수술 그 해준 이유도 그거에 있는데, 자신감이 좀 없어 해가지고. 자기가 또 해달라고 하더라고. 그래서 바로 해줬는데, 그래서 집에서 말수가 없어져가지고 걱정을 했는데 친구 얘기 들어보니까 그렇게 뭐 노래도 좋아하고 특히 뭐 저 아이돌 가수 저 남자들 4인조 어떤 애들 좋아하면서 춤도 노래도 잘하고. 노래를 그렇게 좋아한대. 나중에 그 어느 친구가 노래방에서 노래 부르는 동영상도 가져와서 보여줬어. 너무 다른 모습이더라고. 그래서 그 친구 땜에 쫌 많은 걸 알았죠. 그때 또 그 친구랑 봤고, 얼마 전에, 얼마 전에, 한 한 달 됐나 한번 또 놀러 와가지고 놀고, 집에 놀러 와가지고. 생각이 항상 난대, 친했던 친구니까, 제일 친했던. 학교는 틀리지만 그러니까 같이 갈라 그랬던 거지. 나는 강서[고등학교]를 가라 그랬는데, 우리 애한테도. 이 친구는 강서를 갔어. 근데 우리 애는 항상 자기가 "인 서울, 인 서울" 했어. 학교 서울 가야 된다고, 학교를 서울을 가야 된다고 등급을 잘 받아야 되는데 강서고는 좀 셌어요, 안산 지역에서.

그래서 저 등수 내신 잘 받아가지고 수시로 가려고 좀 떨어진데를 간 거야. 그래서 처음에는 강서고, 단원고도 아니고 선부고를 얘기한 거야. 지 딴에는 선부고가 엄청 좀 떨어지는 학교예요, 거

수연 아빠 이재복

리도 멀고 반대쪽이야 완전히. 그래 가지고 완전히 절충을 한 거야. 그것도 니가 진짜 강서고 싫다고 하고 나는 선부고는 아니다, 그럼 내가 회사 출퇴근하는 딱 중간 지점에 있는 단원고를 내가 추천을 해가지고. 단원고가 또 수시도 많이 간다고 하더라고. 그래서 거기 결정을 한 거야. 그래서 서울을 그렇게 가려고 그렇게 했었는데 하튼. 무슨 얘기를 할라 그랬지?

면담자   그 친구랑 친했고 그런 얘기 해주셨어요.

수연 아빠   그래서 학교는 떨어져 있었지만 친했어요. 그 친구가 그렇게 또 깊게 생각하더라고. 항상 생각난다고.

면담자   연락을 어머님한테 하나 봐요?

수연 아빠   가끔 와. 자기가 진짜 막 보고 싶고 할 때면 그렇게 오는가 보더라고. 그래서 □□대 갔다고 그랬을 때는 지 엄마는 울기도 많이 울었다 그러던데(한숨). 그냥 가까운 데 보내도 되는데 욕심 안 부렸어야 되는데, 또 그냥 좋은 데 보내려고 또 지도 좋은 데 가려고 욕심부려 가지고, 아무데나 그냥 학교 들어갔으면 되는 거를 너무 그랬나 싶기도 하고…. 그러니까 그냥 가자는 데 보냈을까 생각도 다 들고, 별생각 다 들죠, 지나고 나면.

면담자   아버지로서는 그런 생각 드시겠어요.

수연 아빠   별생각 다 들지. 내가 끝까지 또 우겨가지고 강서고를 보냈어야 되나 후회도 되고, 별생각이 다 들지. 근데 그건 어쩔 수 없는 거지 뭐, 운명인데. 그건 뭐 어떻게 할 수가 없는 거지.

면담자   수연이가 혼자잖아요. 그럼 어머님, 아버님 지금 수연이 얘기를 많이 하시는 편이세요?

수연 아빠   많이 하죠. 살아 있을 때보다 더 많이 하는 거지, 오히려…. 이런 게 있어요. 사고 후에 이런 얘기까지 하면 어떨지 모르지만, 사고 후에 이혼한 사람들도 있고, 가정이. [그런 가정이] 있는데 오히려 우리 같은 경우에는 거꾸로야. 애가 있을 때는 오히려 좀 안 좋았어, 부부간에 사이가. 근데 애를 잃고 나니까 더 가까워졌어. 더 의식이 되더라고, 더. 애가 본다 생각하니까. 더 잘해줘야 되고, 또 이 지 엄마에 대해서 조금 등한시하면 애가 또 아빠를 탓할 거 같고 미안한 거야. 그래서 전에처럼 그런 생각은 더 안 나고 더 잘해주게 되고, 애 생각이 더 많이 나는 거야, 그냥. 애가 어떻게 생각을 할까, 어떻게 바라볼까, 어떻게 보면 애가 중심이 된 거야, 더. 애 중심이 된 거야. 그니까 집안 자체가 애 중심이에요. 사진 뭐 애 사진만 다 걸어놓고. 애만 생각하면서 사는 거지, 애만 생각하면서. 다른 건 신경을 더 못 써요. 애가 좋아했던 피자도 지금 한 번도 못 사 먹었어. 피자를 좋아해서 자주 사다주고 그랬었거든. 피자 같은 것도 못 사 먹겠더라고, 미안해서. 그렇게 애만 생각하면서 사는 거지 뭐.

면담자   어머님이 건강이 쪼끔 안 좋으시다 그랬는데 그건 괜찮으세요?

수연 아빠 이재복

수연 아빠   집사람 잘 활동을 안 하고 그러니까 〈비공개〉 잘 버티는 거 같애, 활동은 안 해도. 나가서 활동을 해도 잘 안 해. 나가려고를 안 해, 사람 만나는 걸 싫어해서.

면담자   외출 거의 안 하시는 편이세요?

수연 아빠   잘 안 나가는 거야. 가끔 나가긴 나가는데, 교회 좀 다니고. 트라우마센터에 조금 나가다가 쪼끔 또 그만두고 안 나가고. 잠깐 좀 나가다가 안 나가고.

8
참사 이후 삶의 변화와 사회로부터의 도움, 사회에 대한 분노

면담자   트라우마센터에선 어떤 프로그램 이용하셨어요?

수연 아빠   안마 같은 거, 우리 집사람은 안마 좀 받고, 주로 안마받고 상담 같은 거 좀 하고. 나는 무슨 뭐 강의 같은 거 있으면 강의 좀 듣고. 가끔 하거든 초빙해서 인문학 강의라든가. 그리고 요즘에는 뭐 유범상, 그 사람 와가지고 사회인문학에 대해서 좀 강의하는 거 그런 거 기회 있으면 듣고, 그니까 사회에 대해서 좀 관심을 갖게 되더라고, 사회 변화에 대해서. 4·16 이후에 사회나 가까이에 대해서. 나 생각하기 급급하고 가정 생각하기 급급하고 그런[그랬는데], 지금은 이제 사회에 대해서 관심을 많이 갖게 되더라고. '이 사회가 변해야 되지 않느냐' 그러기 위해서는 인제 우리가 지금 얘기하는 4·16 참사에 대한 진실 규명해야 되고 책임자 처벌해야 되고, 그리고 결국에는 좀 변화가 되어야 되지 않느냐. 그러면 사회가 국가가 무엇인가 생각하게 되고, 또 그런 데 강의를 하면 관심을 갖게 되고, 듣게 되고.

나한테는 다 생소한 거예요. 그러면서 이제 쪼끔 알게 되고 '아, 사회는 이런 거구나. 국가가 국민들한테 그동안에 주입식으로 이 사실에서 벗어난 왜곡되게 한 부분이 많았구나. 국민들은 왜곡된, 맹목적으로 그냥 비판 의식 없이 그냥 이걸 따랐구나. 그래서 결국이 사회가 변화가 안 되고, 개혁이 안 되고, 개선이 안 되고, 계속이게 악순환이 되는구나'. 그런 걸 이제 많이 깨닫게 되고, 그래 부족하지만 그런 것들을 많이 좀 알아가지고 사회를 변화시키는 뭐 그런 거 할 일이 있으면 뭐 내가 앞으로 남은 인생 그렇게 살아야되지 않겠냐, 그래서 결국 어떤 발언 같은 데 가면 그런 얘길 하는데 "우리 애는 이제 찾을 수 없고 돌아올 수 없, 만질 수 없지만 우리 애 희생을 헛되게 할 수는 없다. 지금 17년, 만 17년 살아온 그 삶을 헛되게 그렇게 보낼 수는 인제 없다. 얘기를 통해서 뭔가 좀 더 사회를 변화시킬 수 있는 그런 것이 된다면은 명예로운 희생이 되지 않겠냐" 이런 얘기를 [하죠], "그러기 위해서 우리가 지금 싸우고 있는 거다". 그런 역할을 우리 아마 유가족들이 많이 생각하고 있을 거예요. 그런 역할을 좀 그래도 남은 여생을 이렇게 좀 해야되지 않겠냐 이런 생각을 하고 있는 거죠. 그래서 많은 배울걸 생각하고 있는데 너무 이제 무력감이 많이 들었고 한편으론 너무 모르니까, 하고 싶은데 역량이 부족하니까 이런 것들이 많이 인제 요즘엔 그런 것들이 보여.

면담자   지금 말씀해 주신 부분, 삶의 변화 같은 거는 사실 원래 저희가 질문하려는 부분이거든요. 그건 3차 때 제가 기억해 뒀다가 좀 더 자세히 여쭤볼게요. 그리고 이제 진도 얘기를 다시 하면, 아버님 경우에는 진도에서 어떻게 보면 비교적 쪼끔 짧은 시간을 보내셨네요. (수연 아빠 : 일주일이니까) 그래도 혹시 진도에서 쫌 도움이 됐던 것, 기억에 남는 것, 그런 것도 있으세요? (수연 아빠 : 도움?) 아니면 제일 화가 났던 게 있으세요?

수연 아빠   새로 알은 거는, 국가가 구조에 있어서는, 선진국에서[이라고] 말로는 하지만은 후진국에서 벗어나질 못하는데, 어떤 국민들이 이렇게, 자원봉사라 그러죠, 막 나서가지고 이렇게 지원을 해주고 몸, 몸으로 와가지고 이렇게 도와주고 하는 하튼 국민들의 활동. 이런 것들은 진짜 내가 깜짝 놀랐어요. 그건 잘 돼 있더라고, 그런 네트워크는. 그래서 무슨 일이 있을 때 국가적으로 재난이나 큰일이 있을 때, 국민들이 나서가지고 이렇게 도와주고 이렇게 참여해 주고 활동해 주는 거, 그런 거는 그게 시스템이 어느 정도 되어 있는 것 같더라고. 그건 참 잘 돼 있고 참 고맙더라고. 그러고 그중에서 진짜 남의 일인데, 남의 일인데 내 일처럼 진짜 생각을 해가지고 참여하고 활동하는 사람들이 자원봉사 말고라도 그걸 떠나서 지금도 유가족하고 같이 활동하는 사람들, 그 사람들 진짜 존경스럽고 고맙더라고. 우린 그렇게 못 살아왔거든. 그래도 그런 사람들 때문에 좀 그런 변화가 있, 생길 수 있지 않느냐 희망도 갖게 되고.

면담자　진도에서도 경황이 없으신 상황에서도 뭔가 도움의 손길이라든가 그런 게 눈에는 들어온 거죠?

수연 아빠　네, 그렇지. 그 사람들은 마음이 우러나 가지고, 마음이 우러나지 않으면 그렇게 하지도 못할 거예요. 마음이 우러나 가지고 자기 생업을 잠시 중단시키고 내려와서 자기가 했던 무슨 음식 같은 거 만들어서 제공하고, 거기 뭐 햄버거 이런 것도 있었지만은 그렇게 하는 사람이 있는 거 생각하면, 그 사람들이 많이 배우고 안 배우고를 떠나서 너무 존경스러운 사람들이 있어. 그 사람들은 우리 세월호뿐만 아니라 다른 또 무슨 일이 생겼을 때 또 발 벗고 나갔을 사람들이야. 그렇게 참 대단한 사람들이 있어요.

면담자　그때 당시에도 도움이 된다고 느끼셨던 거죠?

수연 아빠　그런 사람들 때문에 막말로 우리 지원받은[물품은], 하다못해 이불이라든가 옷이라든가, 물론 뭐 정부에서 지원해 줬겠지만, 자발적으로 그걸 제공해 주는 사람들이 있으니까 오는 거고, 특히 뭐 음식 같은 것도 그런 사람들이 자발적으로 와서 만들어주고, 각 단체에서 사회단체, 그리고 개인적으로도 와서 해주잖아요. 그렇게 하는 의식이 있었다는 게 고마웠고, 그다음에 그런 네트워크가 조직적으로 이루어져 있더라고. 그러니까 정부에서 어떤 책임 부분에 대해서는 무책임하고 무능하고 그런 부분에서는 미약한데, 국민들이 의식이 있더라고. 근데 쫌 실망한 것도 있었지, 선거 때. 2014년도에 6·4 지방선거 할 때 인제 그래도 압도적으로 여당을 심판을 하고 야당이 좀 압승할 줄 알았더니 완전 거꾸로 됐잖아. 그때 인제 실망했는데 아마 국민들이 그래도 국가를 믿었던 거 같애. 그래도 인제 힘을 실어줄려고 했던 거 같은데 결과는 오히려 제대로 못했잖아.

그래서 이번에 심판을 당한 거 같아. 결국 심판을 당한 거 같애. 정부와 여당이나. 정부도 깨달았어야 되는데 국민들의 뜻을 깨닫지 못하고 일방적으로, 특히 박근혜 대통령 같은 경우는 독선적으로 자기 고집만 내세우고 일방적으로 자기 정책만 폈잖아요. 국민들 민의를 벗어난, 그래 이번에 인제 어떻게 보면 심판을 한 거지. 그래도 다 정신을 못 차려. 세월호 같은 거도 [법] 제정을, 개정을 좀 해줘야 되는데 계속 좀 안 해주려고, 끌려고 그러고. 얼마나 정부가 개입하는 거 숨기려고 하는지 이해를 못하겠어, 그런 거 보면. 답변들이 제대로 되나 모르겠다.

9
참사 이후 직장과 일상으로의 복귀 시도 경험

면담자　　　　네, 아주 잘되고 있습니다. 하나만 더 확인하고 싶은 게, 아버님 같은 경우는 진도에서 짧으면 짧다고 할 수 있는, 일주일 만에 올라오셔서 바로 일상으로 복귀를 하셨잖아요. 어떻게 보면 거의 바로 복귀하신 거네요.

수연 아빠   그렇죠. 일주일 만에 했죠.

면담자   금방 일상으로 돌아오시려 하신 거잖아요. 일상을 어떻게 유지해 보려고 하셨다고 해석할 수 있을 거 같은데, 아버님의 경우는 그 시기가 좀 특이한 경운 거 같애요.

수연 아빠   그렇죠.

면담자   그때 이야기를 쪼끔 해주시겠어요?

수연 아빠   그때 글쎄, 그게 다시 복귀가 된 일상생활을 하는 것은 뭐라 그럴까, 이렇게 가속, 그냥 가속도라 그럴까. 여기 자꾸 움직이는데 갑자기 멈추면 바로 멈추면 못 멈추잖아. 약간 가잖아요. 그런 거 같애. 내가 그동안에 30년 동안 쭉 같은 패턴으로 일을 해왔잖아요. 근데 일이라는 게 한번에 딱 못 끝내잖아. 근데 그 일로 해서 연관되어 있는 일 관계도 있고 사람 관계도 있잖아, 책임이란 것도 있고. 그러니까 내 입장하곤 별개로 그래도 연장이 된 거야, 자연스럽게. 자연스럽게 해서 내가 해야 했던 일 좀 마무리는 져야 되고, 관련되어 있던 인간관계도 정리해야 되고. 그래도 어떤 일을 해보려고 했어. 했던 일이고, 또 기대도 있기 때문에. 회사에서 나름 나한테 팀장으로서의 역할도 있고 기대한 것이 있고, 직원 중에서도 나를 따르는 직원이 있고, 안 따르는 직원도 있지만 나를 또 전적으로 믿고 따르는 직원이 있거든. 그 직원을 또 생각을 안 할 수 없단 말이야. 직원이 있어요.

끝까지 [퇴사를] 말리던 사람이 있어. 외부적일 수도 있고 내부적일 수도 있고, 그런 사람들 내가 한번에 못 끊어. 그렇게 하나의 가속도라고 해도 설명될지 모르겠지만 그냥 일단 [직장 복귀를] 한 거야. 하는 과정에서 이것은 그걸로도 감당할 수 없는 아픔이고 절망이잖아요. 특히 애에 관련된 거기 때문에 도저히 손에 안 가는 거야, 손에. 그 사람들 위해서, 조직을 위해서라도 좀 희생을 하고 하려고 했는데 이게 오히려 도움이 안 돼. 회사로나 그 사람한테 도움이 안 돼. 왜 내 일이 제대로, 집중이 안 되니까. 뭐 일을, 요즘 진짜 경쟁 사회에서 집중해도 될까 말간데, 집중이 안 되면 나 피해보는 건 상관없어요. 근데 나로 인해서 조직이 피해 입을 거 같고, 나로 인해서 내 관련되어 있는 사람들이 손해를 보고 피해를 보기 때문에 '이건 안 되겠다' 그래서 사장이나 임원들을 만나가지고 "도저히 내가 이런 상황에서 하면 안 된다" [하니까] 좀 잠시 쉬라는 사람도 있었고, 내가 도와줄 테니까 끝까지 가란 사람도 있고.

결정이 쉽진 않아요, 30년을 같은 일을 했는데. 일단은 애만을 생각할 수밖에 없었어요, 그 상황에서. 다른 사람을 생각할 겨를이 없었어요. "미안한데 어쩔 수 없다. 다른 일 같으면 내가 다시 생활하고 하겠는데, 내 애 일이기 때문에 내가 도저히 지금 할 수가 없다. 이해를 해달라" 해서 회사도 정리를 하고 다 어느 정도 정리할 거 정리하고는 그만두게 된 거지.

면담자　　　그때 당시 3개월 정도 다니실 때는 그러면 이제 가족 협의회 활동을 하셨나요?

수연 아빠　　　활동했지. 정기적으로 모임이 있을 땐 가서 모임에 참여했었고. 그러고 회사 그만두고서 거의 활동을 못했어요. 회사 그만두고 인제 모든 게 이제 떠나다 보니까 완전히 이제 칩거라 그러지요. 집에 그냥 탁 파묻혀 있는 거야, 아무것도 못하겠더라고. 이제 애 생각만 하면서 집에만 있다 보니까 완전히 더 이렇게 침체가 되어 있더라고. 그래서 지금 못 나가는 사람들 심정을 안다니까. 방문턱 넘기가 힘들어. 나오기가 힘들어. 또 모임 때나 유가족 모임 때나 상황이 어떻게 되는지 궁금하니까 겨우 나가는 거야, 겨우. 나가서 뭐 잠깐 보고 또 들어오고. 그게 그렇게 그해는 거의 그렇게 지나갔어. 8월 말에 그만두고 9, 10, 11, 12, 거의 한 3~4개월을 거의 인제 칩거 생활을 하다가 말, 그해 말인가 12월 달부터 12월 달 중반부터 슬슬 나오면서 팽목을 내려갔지. 12월 말 정도부터 이제 팽목을 내려가서 시장도 만나고, 또 그때 이주영 장관 왔을 때 또 이주영한테 뭐라고도 했지. 정부를 비롯해서 당신들 정부 이렇게 해서 이건 시간 지나가면 혹시 말이지 혹시 유가족 지칠 거라고 오산할지 모르는데 절대 그런 말도 안 되는 생각 하지도 말라고, 절대 지치지 않고 크게 자랄 거니까 오산하거나 오판하지 말라고. 그런 말 하고 그랬는데 그러고 나서 인제 2015년 초부터 인제 활동을 쪼끔 많이 나오고 뭐 이제 참여도 좀 하고 했죠.

수연 아빠 이재복

면담자   그럼 회사에 나가셨을 때는 그런 가족으로서의 활동 때문에 머리가 집중이 안 되고 그러셨던 건가요?

수연 아빠   그렇죠. 회사 일이, 회사 일을 해야 되니까. 회사 일을 해야 되니까 회사에 이 시간을 집중해야 되는 거지. 근데 이제 거기서 집중이 안 되는 거지. 회사한테 집중도 안 되고 다 일이 집중도 안 되는 거지. 그때 인터넷을 많이 봤어요, 그때. 그때 회사에도 제대로 안 되고, 가족 활동도 제대로 못하니까 어떻게 돌아가는지 궁금하잖아.

면담자   가족 활동도 그때는 아주 활발하게는 못하신 거죠?

수연 아빠   그때는 활동을 못했지, 회사 일 때문에. 시간도 없었고. 뭐 토요일, 겨우 토요일, 일요일밖에 없는데 토요일, 일요일은 또 많이 안 하니까. 그래서 그때 인터넷을 많이 봤어요. 세월호 관련해서 인터넷을 많이 봤어요.

면담자   그때 보시면서 어떤 기억이 나시나요?

수연 아빠   그렇지. 그때 기사를 보면서 '이 사회가 왜곡하는 게 많구나. 언론이 특히 언론이라는 게 정부 시책에 따라가지고 오로지 정부에 대한 목소리만 내기 위해서 왜곡하고 호도하고 하는 게 많다'라고 생각했어요. 그 세월호 당사자로서는 많이 느끼는 거예요. '이게 세월호뿐이 아니겠구나', 많은 걸 감추고. 특히 인제 그때만 해도 세월호만 봤지. 정부의 행태 이런 것들, 너무 그 소극적이고, 좀 이렇게 도와주고 이렇게 진상 규명하는 데 도와주고 지원하고 나서진 못할망정 자꾸 이렇게 막 비협조적이고 자꾸 또 오히려 유가족을 비난하고 또 국민들하고 이간질시키려고 하는 그런 것도 보이고. 굉장히 그때 이 사회에 대한 국가에 대한 원망이랄까 비난이랄까 그런 것들이 많이 생겼지. 많이 생기면서 무력감도 많이 생기고, 회사 일도 안 되니까 회사 그만두고 완전히 침체된 생활을 하게 된 거지, 완전히 그냥 포기 상태. 그때 뭐 상담사도 오고 그랬는데 그때 죽고 싶어 하는 사람들 사실 있었어요. 그런 얘기하고 그랬는데 다 모든 게 다 떠나고 나가지고 의미가 없잖아. 애가 어떻게 보면 나의 희망이고 미래였는데 그게 다 없어졌잖아. 그럼 내가 살 의미가 없잖아. 그 애가 없다고 생각하면 죽고 싶지.

근데 그 상담하는 사람한테도 그런 얘기했지만 애 땜에 살아난 거야, 애 땜에. 죽고 싶었는데 애가 만약에 옆에 있었으면 뭐라고 했을까 나한테. 애 음성이 들린 거야. '아빠 뭐 하고 있냐'고, '뭐 하고 있길래 이렇게 처져 있고 이렇게 하고 있냐'고, '좀 제대로 똑바로 열심히 살아'라고, '정신 차리고', 꼭 그럴 거 같애, 옆에 있었으면. '엄마하고 열심히 잘 살아'라고, '건강하게' 꼭 그럴 거 같애. 애가 만약에 있었다면 그 얘길 할 거 같애. 우리가 그때 정신이 들더라고. 애를 생각해서라도 우리가 살아야겠다. 애가 원하는 게 그럴 거 같다. 애가 원하는 게 과연 내가 무기력하게 이렇게 있으면서 죽기를 원하겠는가. 그러지 않을 거 같다. 우리 애라면, 속 깊은 우리 애라면 아빠가 정신 차리고 이렇게 살길 바라지, 무기력하게 내

수연 아빠 이재복

가 그냥 죽길 원하지 않을 것 같다, 그래서 그냥 살아야 되겠다, 그런 생각이 들었지.

그래서 그때부터 더 지 엄마한테 좀 신경 쓰고, 엄마하고 잘 살라는 뜻이라고 생각이 되니까 더 신경 쓰고 더 열심히 살도록, 다른 거 하고 뭐 이럴 겨를도 없이. 관심이 없어졌어요, 다 의미가 없으니까. 활동을 하면서 계속 이제 뭐를 해야 할지 생각을 좀 하게 되고 애에 대한 생각을 더 많이 하게 되는 거야. 그 전에는 오히려 생각을 못했는데 내 일만 생각했지. 내 관련된 회사, 조직, 인간관계, 이것만 생각했지, 집보다. 아빠들 거의 비슷할 거예요. 가정, 집보다 내 일 이걸 많이 생각했지. 근데 애 잃고 나니까 애가 더 중요하더라고, 중요했더라고. 늦게 깨우친 거지, 그래서 지금 애 생각을 그렇게.

면담자　네. 오늘 주로 최근 근황이랑 진도에 가시고, 그리고 진도에서 올라오신 얘기를 주로 들었어요. 3차 때는 이제 그 이후에 최근 근황을 더 자세하게 여쭤볼게요. 삶의 변화 같은 걸 좀 여쭤볼 거고, 아빠공방 얘기도 자세히 들어야 해요.

수연 아빠　오늘 못해서.

면담자　네, 3차와 더 연관성도 있을 것도 같고 해서 3차 때 자세히 듣겠습니다.

수연 아빠　그래요. 할 거 있으면 빨리 했으면 좋겠고, 다음 주에도 내가 어차피 또 목요일 날에 공방을 나가니까. 아니 뭐 열심히 하진 않아요, 공방 나가서. 총무를 또 맡고 있어서 총무 역할을 또 하고 있는데, 또 공방 나가니까 오후에 핑계 삼아서 땡땡이칠 수가 있어. 오늘도 사실 핑계 삼아서 땡땡이치고 왔어, 구술에. 왜냐면 나가서 과제도 해야 하고 나는 목공을 좋아서라기보다도 이제 가족들하고, 같이 뜻 맞고 마음 맞는 가족들하고 같이 어울릴 수 있다는 거. 또 한편으로는 회의 때도 내가 좀 반 대표다 보니까 확대운영위 들어가는데 뭐 공방에 대해서 안 좋은 얘기하고 그러면 내가 발끈해서 얘길 하고 그래요. "목공방은 우리가 그 앞으로, 앞으로 진상을 규명하는 활동에 진행해나가는 데서 원동력을 갖게 하는 수단이지 목적이 아니다". 그리고 그런 어떤 차원에서 우리 팀원들도 목공방에서 활동을 하더라도 진상 규명 활동을 우선순위에 두기 때문에 그걸 하고 나서 목공방이지, 목공방이 우선이 아니다. 오해하지 말라"라고 얘기하고 그러는데 [목공방은] 하나의 수단이에요. 목공방뿐만 아니라 엄마공방[도]. 앞으로는 확대해나갈 거예요, 확대. 왜냐면 장기적으로, 아까 얘기했잖아, 우리는 일상으로 못 돌아가요.

결국 유가족끼리 살아갈 수단과 방법을 찾아야 돼. 그럼 과연 뭐가 있을까? 생계 해결도 해야 되고 우리 유가족은 조직도 활성화 해야 되고, 더 강화해야 되고, 지속적으로 가기 위해서는 요런 어떤 소단위의, 물론 반도 있지만, 나름대로 생계 활동도 해가면서 행할 수 있는 어떤 뭐 조직, 단체 요런 것들을 만들어나가야 할 필요가 있거든요. 하나의 시작이 목공방이고 엄마공방이에요. 표본

이 될 수 있지. 여기서 하나가 확대되면 협동조합이나 뭐 사회적 기업으로 갈 수도 있는 거고. 이걸 많이 확대해나갈 거야. 그래서 지금 바리스타 교육도 하고, 계속 이렇게 확대해나갈 거야. 그래서 소단위로 진상 규명을 위주로 하지만 계속 그렇게 갈 수는 없는 거야. 어느 시점에 가서는 분향소 정리해야 될 거고, 합동 분향도 해야 될 거고, 추모 공원도 생겨야 될 거고. 진상 규명이라는 게 하루 아침에 안 되고 계속 가야 될 것이라 보지만 다른 국면이 이제 또 드러나잖아요. 거기에 대해서는 어떤 대안을 또 찾아야 되기 때문에 이런 어떤 일환으로 해나가고 그런 차원이지. 그래서 목공방도 안 좋은 시선으로 보는 사람이 있을 거예요. 무슨 일이든 하면 뒤에서 뒷말하는 사람들이 있어요. 그런 나름대로 계획을 가지고 해나가고 있는 거예요.

면담자   네. 더 자세한 거는 다음 주에 또 들을게요.

3회차

2016년 6월 23일

1

시작 인사말

면담자　　　본 구술증언은 4·16 사건에 대한 참여자들의 경험과 기억을 기록으로 남김으로써 이후 진상 규명 및 역사 기술에 기여하고자 합니다. 지금부터 이재복 씨의 증언을 시작하겠습니다. 오늘은 2016년 6월 23일이며, 장소는 안산시 단원구 고잔동 세승빌라입니다. 면담자는 이예성이며, 촬영자는 김솔입니다.

아빠공방 활동과 기타 시민들을 접하는 활동 경험

면담자　　　오늘은 말씀드린 대로 4·16이 시작된 순간부터 지금까지 지나온 시간 중 이제 가장 기억에 남은 활동들, 참여하신 활동 위주로 얘기를 들어보려 합니다. 오늘 회의를 하고 오셨다고 하니까, 아빠공방에 대해 먼저 말씀해 주서도 좋을 것 같아요.

수연 아빠　　　아빠공방이, 아빠공방은 작년 7월부터 시작을 했어요. 감리교 연합회에서 아빠들 너무 침체돼 있고 너무 가정에만 갇혀 있는데, 그 아빠, 엄마들을 끌어내기 위해서 감리교 연합회에서 후원해 가지고 기계를 장만해 주셨어요. 기계를 장만해 주셨기 때문에 어차피 우리가 관리를 해야 되고 운영을 해야 되기 때문에 누군가는 해야 되는데 제의가 들어왔고 사실은 뭐 글쎄, 그렇게 관심이나 그런 건 없었는데, 분과장이나 그 엄마공방장이 좀 제의를 해 가지고 처음에는 공방장을 맡아달라 그랬는데 너무 부담스럽고 그 래 가지고, 내가 공방장은 내가 아는 분, 우리 반 다른 분한테 추천 을 하고 나는 서포트해 주는 총무로서 서포트해 주는 역할로 해가 지고, 그러면 임시로 한번 관리를 하고 운영을 해보자 그래 가지고 이제 맡게 됐는데, 그게 인제 후임으로 누가 할 사람이 없어 가지 고 지금까지 계속 오게 된 거죠. 그래 가지고 인제 교육도 받고, 지 금까지 계속 받고 있는. 일주일에 한 번씩 용인에 있는 교회 목사 님이라고, 박인환 목사님이라고 그분 오셔가지고 교육을 좀 해주 시고 계시죠. 열심히 하는 분도 계시고, 저같이 제대로 안 하는 사 람도 있고 그래요(웃음). 그래서 아빠들은 다섯 명이고, 엄마들은 1기가 한 열다섯 명이었는데 이제 끝났고, 2기가 지금 일곱 명, 일 곱 명 정도. 2기 또 지금 교육받으라고 해서 제작하고 그렇게 하고 있죠. 그렇게 해서 엄마들 3개월 정도, 일단 일정 기간을 2기를 잡 았는데 연장 가능하고, 엄마도 수시로, 엄마, 아빠들은 수시로 관 심 있는 사람들은 들어와서 교육받고 할 수 있는 거니까. 그래서 그런 식으로 이제 목공방을 운영하고 있죠.

면담자 　　　그게 목공인 이유가 있나요? 어떻게 왜 목공에서 시 작한 건가요?

수연 아빠 　　　그게 아까도 얘기했지만 후원을 해주신 거예요. 취 지가 엄마, 아빠들 뭔가 그래도 집중할 수 있는 꺼리를 만들어주면,

수연 아빠 이재복

이렇게 예를 들어 절망이나 슬픔에 빠져가지고 너무 이렇게 매몰되어 있고 고립되어 있는데 고거를 이제 좀 완화시켜 주고, 좀 이렇게 신경을 덜어주면 좀 편안해지지 않겠냐. 힐링, 트라우마 해소 그런 차원에서, 그런 일환으로 후원을 해주시고 기회를 준 거기 때문에 거기서 이제 자연스럽게 한 거고. 목사님 중에서 의지를 가지고 추진하신 분이 계세요, 사실 중간에서. 화성교회 박인환 목사님이라고 안산에 그분이 예은이가 다니던 교회 목사님이에요. 예은이 엄마가 그 전도사로 계시고 예은이를 잘 알죠, 그 목사님이. 그래서 예은이를 생각해 가지고 목사님이 나서서서 굉장히 적극적으로 도움을 많이 주셔요. 이것도 이제 감리교 목사님으로서 감리교 연합회에 뭐랄까 연계를 해주셔 가지고, 또 목공에 관심이 많으셨어요, 교회에서 목공 활동을 하고 계시고. 그래서 목공을 통해서 뭔가 좀 힐링할 수 있는 기회를 주시고자 하는 의지를 취지를 가지고 후원을 받아서 이렇게 후원을 해주신 거죠, 기계로, 장비로. 기계 장비가 이제 들어오다 보니까 그걸 또 관리, 운영할 사람이 필요하고, 그러다 보니까 저하고 몇몇 사람 해가지고 지금 현재는 다섯 명 정도가, 아빠들 다섯 명 정도를 중심으로 해서 참여하게 된 거죠.

면담자   지금 만들어진 작품이라고 하면 되나요? 작품 같은 건 어떤 게 있나요?

수연 아빠   사람마다 쪼끔씩 틀린데, 우리가 두 차례 프리마켓 했어요. 프리마켓을 내놓기 위해서 만든 작품들이 있죠. 저 같은 경우는 인제 좌탁 해가지고, 탁자, 미니 탁자, 찻상이라고 그러죠? 다과를 놔둘 수 있는 그게 대표적이고, 그냥 뭐 여러 가지 뭐 DIY 로 하는 뭐 탁자라든가, 책상, 아직 의자는 안 만들어봤는데, 선반 뭐 이런 거 이런 거 많이 만들었죠. 그리고 실제로 엄마들이 많이 잘 활용하고 있어요. 실생활에서 필요한 거를 엄마들이 스스로 더 잘 알기 때문에. 아빠들은 잘 몰라요, 사실. 엄마들이 잘 알기 때문 에 자기 가정에 맞는, 어디에서도 구입할 수 없는, 가정에 맞는, 자 기가 원하는 그런 제품을 만들죠. 자기 집안에 맞게끔. 맞춤형 가 구라고 그럴까요? 엄마들이 인제 그렇게 잘 활용하고 있죠, 사실. 쓰임새 활용을 잘하고 있어요. 아빠들은 잘 모르니까, 뭘 만들지 잘 모르기 때문에 교육만 받고, 프리마켓 해가지고 인제 기부 활동 같은 것도 하잖아요. 우리가 판매 거기 수익금을 이웃, 지역사회에 환원해 주는 이러한 일을 하는데, 그거 할 때 우리가 만들어가지고 집중적으로 해가지고 내놓고. 올해도 10월 달에 또 할 예정이고, 1년에 한두 번 정도. 지난번에 5월 달에 했었고.

면담자　　　5월 달에 어디에서 하나요?

수연 아빠　　　항상 여기서 하죠. 화랑유원지 저 롤러스케이트장. 거기서 작년 10월 말에도 했었고, 올해도 5월 달에 했었고, 한 이틀 씩 항상.

면담자　　　다른 행사랑 같이 하는 건가요, 아니면 그 프리마켓 을 위해서 따로 연 건가요?

수연 아빠   우리가 주최가 돼서 하는 거예요. 가족협의회 주최가 돼가지고 엄마공방에서 엄마들이 만들었던 거. 엄마들 공방에서도 팀이 몇 개가 있어요. 여섯 개 있는데, 거기서도 만들어가지고 그때 하루, 아니 이틀 딱 정해가지고 다 내놓는 거지. 내놔서 지역 주민들 홍보해 가지고 오시게 해가지고 판매해서 수익금을 지역사회에 나눠주고, 그런 활동을 할 때 아빠들은 좀 집중적으로 하고, 평상시들은 엄마들이 많이 활발하게 하는 거 같애요.

면담자   그러니까 필요하신 물건을 만들어서 사용하신다든지 그랬던 건가요?

수연 아빠   만들었던 거지, 네.

면담자   프리마켓 제목은 뭐였나요?

수연 아빠   '엄마하장'. '엄마하장'이라고 그래 가지고 엄마공방에서 만들었죠. 작년 1회 했었고, 2회 했었고, 3회 할 예정이고.

면담자   호응이 어땠나요?

수연 아빠   갈수록 좋아졌어요. 첫날 할 때는 상당히 회의, 쪼끔 불안했었고. 과연 이 물건을 만들었을 때 팔릴까 조금 걱정을 많이 했었는데, 오히려 첫날 할 때 우리 관련돼 있는 사람만 많이 올 줄 알았어요. 세월호 활동했던 사람들, 많이 아는 사람들. 그렇게 생각했었는데, 지역 주민들도 한 오셨던 분들 중에서 30프로 이상 와서, 또 올해는 한 50~60프로 반 이상 지역 주민들이 많이 왔었고.

비가 왔던 게 흠이었는데, 비가 왔는데도 불구하고 작년만큼 매출이 올랐었으니까. 작년엔 날씨 좋았던 이틀만큼의 하루 반나절밖에 못했거든요. 오후가 피큰데, 둘째 날 오후에 못 했어요, 비가 와가지고. 그럼에도 불구하고 작년 매출보다 더 많았으니까 호응이 좋은 거지. 그 지역 주민이 많이 왔었지. 관심이 높아진 거지.

면담자　　마켓이 지역 주민을 만나는 효과가 있다고 생각하세요?

수연 아빠　　원래 우리 마켓 목적은, 물론 매출을 올리고 수익금을 지역 사회에 도와주는 것도 중요한 역할이지만, 그것보다는 저는 개인적으로 하나의 수단이라고 생각해요. 이걸 통해서 세월호의 어떤 그 진실에 대해서 관심을 많이 갖게 하고, 또 많이 홍보하고 알려주고 그런 목적이 크죠. 오신 분들한테 이제 세월호에 관심을 가져달라고 얘기하고, 또 뭐 세월호 어떤 의문이라든가 진실이라든가 이런 부분을 얘기도 많이 하고, 또 이렇게 하다 보면 외부에서 취재도 많이 나와요. 물론 지상파나 공중파는 안 나오지만 인터넷 방송, 특히 해외에서도 이렇게 와요. 와서 인터뷰도 하고 그런 거 통해서 자연스럽게 해서 또 얘기하고. 그러니까 지역 주민들이 세월호에 대해서 관심을 이렇게 모으는 그런 역할이 사실 더 크고 거기에 비중을 많이 두고 있지. 거기에서 나오는 매출도 좋은 일에 쓰고. 우리가 받았으니까 우리가 나눠 쓰는 거지. 우리의 이익을 위해서 하는 건 아니지.

면담자　　이렇게 마켓 같은 경우도 지역 주민분들을 만날 수 있는 계기가 되잖아요. 그거 말고 다른 활동에서도 시민들이나 이런 뭐 안산 지역 주민들을 만나는 활동이 있을 텐데, 좀 기억에 남는 게 있을까요?

수연 아빠   안산….

면담자   안산이든 다른 지방이든 괜찮아요.

수연 아빠   안산, 글쎄요. 만나는 기회는 많이 있죠. 개인적으로도 간담회 같은 데. 최근에는 저기 충남대, 충남대 가가지고 학생들, 한 그래도 예상보다 30~40명 와가지고 간담회 좀 했었고. 그때 학생들이 "새로운 걸 많이 알았다. 들었다. 힘내시라"라고 막 이렇게 응원도 해주고. 그래서 상당히 보람 있고 의미 있는 시간이었고. 또 안산에서는 얼마 전에 여기 중앙역 앞에서 항상 집회가 있더라고. 거기 또 발언 좀 해달라 그래서, 발언을 하고. 그럴 땐 좀 만남의 기회를 좀 갖게 되죠.

면담자   혹시 금요일마다 하는 건가요?

수연 아빠   안산에? (면담자 : 네) 주기적으로 하는 걸로 알고 있어요. 근데 자주는 못 갔어. 시청 앞에 있는, 그 앞에 있는 텐트. 거기 가서도 한 번 했을걸? 두 번 했, 거기 한 번 하고, 고잔역, 중앙역 앞에서 한 번 하고. 두 번쯤 발언하면서 저기 활동가들이지, [그 사람들과] 좀 만남의 시간들 가졌고, 개인적으로 활동하는 건 그런 거. 간담회 하고, 광화문 같은 데는 주기적으로 가니까, 2주에 한 번씩 가니까. 가서 광화문에 가서 피켓 활동이나 거기 참여하는 사람들 만남의 시간, 가끔 거기서 발언을 하고. 발언이 힘들더라고. 그렇게 만나는 시간하고 활동은 주로 대전, 대전은 지난번에 얘기했는지 모르지만, 1반하고 2반하고 있어 가지고 행사 같은 거 있을 때 자주 만나고 싶어도 떨어져 있으니까 1년에 한 두세 번은 특별한 행사 있을 때 불러주면 내려가 가지고. 지금도 저 내려가는 거 날짜를 못 잡아가지고 못 내려가는 거지. 고런 활동, 피켓 활동, 간담회, 뭐 추모 행사, 문화제 행사 그런 것이 주로 개별적으로 하는 활동이고, 단체에서 하는 거는 또. 그래서 요번 토요일 날 같은 경우는 범국민대회 참가하고.

면담자   이런 활동들에서 만나는 시민들마다 좀 다르잖아요. 예를 들어서, 학교에 가셨을 때는 정말 학생들을 만나는 거고, 그런 거 말고 무작위하게 시민을 만나는 경우도 있고요. 개인적으로 느끼실 때, 어떤 활동이 시민들하고 좀 더 소통하는 느낌이 드세요? 뭔가 더 교감이 된다든지, 인상에 많이 남는, 시민들하고 좀 가까이 만나는 느낌이 드는 활동이 따로 있나요?

수연 아빠   글쎄, 전 효과는 그래도 서명운동이 효과가 많을 거 같애. 물론 그 서명운동하면서 만나가지고 얘기는 많이 못하지만, 유인물도 좀 나눠주고. 근데 그때 모르는 사람들, 잘 모르는 사람들, 관심 없는 사람들한테 그래도 '세월호라는 게 있다', 세월호를, 진실을 알리기 위해서 유가족들이 나와서 활동도 하고 이러면서 이를 통하면서 사회가 변화시켜야 된다, 이런 거를 그래도 말이라 도 하고, 또 들어주기라도 하고, 또 거기에 잘 몰랐던 사람들 알게 도 되고. 이렇게 층을 넓히기 위해서는 서명운동이 제일 나은 거 같애요, 서명운동이. 지나가는 사람들이 많잖아요. 근데 간담회 같 은 경우에는 한정돼 있어요. 또 간담회는 평상시에 인제 관심이 있 던 사람들이야. 군이 가서 얘기를 안 해도 다 아는 사람들이에요.

그래서 그거보다는 역시 그래도, 홍보 차원에서는 피켓 활동이, 피켓 활동이나 서명운동이, 특히 서명운동이 제일 낫지 않느냐. 피 켓 활동, 피켓 들고만 있는데, 들었을 때 물론 보는 사람들이 있겠 지만 얼마나 보겠냐, 봐도 그냥 관심이 없는 사람들은 그냥 수박 핥기, 대충 겉으로 보고 지나갈 텐데 서명운동은 그래도 계속 그래 도 끌어들여 가지고 서명도 받게 하고, 홍보물도 나눠주고 또 얘기 도 전달할 수 있고. 홍보물 통해서 또 알게도 되고. 홍보물이 제일, 서명운동이 제일 효과가 있을 것 같애요, 겪어봐도.

발언이나 간담회는 관심이 있는 사람들이 와요. 군이 안 해도 그 사람들은 관심이 있기 때문에 여러 가지 매체를 통해서 다 정보 를 알 수 있거든요. 다만 그분들이 원하는 것은 가족들이 끝까지 지치지 않고 활동하고 있다는 거, 그걸 인제 보여주는 거지. 그것 뿐이지 우리가 그분들한테 뭐 모르는 걸 더 알려주고 그런 건 아닌 거 같애요. 그런 거 같애요. 그래서 '같이 지금 힘을 합쳐서 하고 있 다. 가족들이 지금 앞에서 끌고 갔으니까 여러분도 따라와 달라' 그 런 얘긴 거지. 많이 알리는 차원에서는 서명운동이 낫지 않나. 개인적으론 그렇게 생각해요. 물론 사람마다 틀려요, 간담회를 더 중요하게 하는 사람도 있고.

면담자   아버님, 개인적으로 따로 어렵거나 힘든 활동은 있나요?

수연 아빠   아까 잠깐 얘기했지만 발언하는 게 힘들어. 발언하는, 간담회 정도는 이렇게 지금 대화하듯이 이렇게 하면 되는데, 발언은 앞에 나가서 그게 익숙지 않단 말야. 지금까지 살아오면서 우리는 가정만 생각하고, 애만 생각하고, 내 일만 생각했잖아요. 내 일만 신경 쓰고, 거기 집중하고, 거기에 매달리고, 거기에 온 전력을 기울여가지고 하다 보니까, 이런 활동은 한 번도 안 해봤고 익숙지 않다 보니까 그런, 그런 걸 해야 될 때 굉장히 부담스럽고. 또 누군간 또 해야 되고, 다 꺼려 하고, 누군간 해야 되는데 어쩔 수 없이 또 하게 되고, 이런 게 힘든 거지. 이게 익숙지 않다 보니까.

면담자   익숙지 않다고 하시는 거는 많은 대중 앞에 서는 걸 말씀하시는 건가요?

수연 아빠   그렇지, 그런 게 서투른 거지.

면담자   잘 못하는 것 같은 느낌 때문에 불편하고 힘드신 건가요, 아니면 압박을 느끼시는 건가요?

수연 아빠   잘 못하는 거 같은 거지(웃음). 물론 압박도 있지만, 그것도 크죠. 대중 앞에서 서가지고 얘기한다는 게. 근데 잘 못하는 것도 있고. 그러니까 마음속으로 하고 싶은 얘기는 많아. 왜 없겠어요. 이 마음속에 있는 분노와 국가에 대한 원망, 또 대중들한테 하소연하고 싶은 그런, 그런 마음은 진짜 많은데 그거를 다 표현해내는 게 쉽지가 않지. 그러니까 호소를 대중들이 공감할 수 있도록 논리적으로 표현해야 되잖아요, 그게 힘든 거지.

3
14년부터 16년까지의 농성, 행진 등의 활동과 사건

면담자   제가 아버님 지금 말씀해 주신 거 말고, 그동안 있었던 활동들에 대한 정리 자료가 있어서 하나씩 이렇게 말씀을 드려 볼게요. 아버님께서 참여를 하셨거나 인상적이었다거나 한 게 있다면 말씀해 주시면 좋을 것 같애요. 2014년 5월에, 저번에 말씀해 주셨었는데, 청운동 주민센터까지 갔었던 일이 있었어요. 그리고 국회 농성도 있었고, 서명운동은 하셨다고 말씀하셨고, 그리고 단식도 있었고, 도보 행진 같은 것도 있었고, 자전거 행진도 있었고, 범국민대회도 시작되었고, 교황 오셨을 때도 있었고, 삼보일배도 있었고요. 이 중에서 혹시 활동하셨거나 아니면은 뭐 활동은 안 하셨지만 보는 입장에서 기억나는 거 있으면 말씀해 주세요.

수연 아빠   다 했고, 아까 자전거, 그건 안 했고, 그거하고 단식은 안 했어, 내가. 단식은 안 했어. 나머지는 다 참여했어.

면담자   그중에서 좀 인상적이었다거나 어떤 특별한 사건이
나 기억이 남는 활동이 있으셨을까요? 활동들의 차별점이나, 개인
적인 전환점은 없으셨어요?

수연 아빠   글쎄요, 제일, 그렇게 제일 오래 있었던 거는 그중에
서 국회지. 국회에서, 국회 가서 농성할 때는 여야가 딱 갈라지는,
극명하게 보였던 게, 우리가 있던 곳은 야당 쪽이었어. 자리를 야
당에서 내줘가지고, 정문에서 바라봤을 때 좌측이 야당이고 우측
이 여당이었어요. 그때 처음 알았어요. 여당 쪽은 전혀 자리를 안
내줘가지고 접근도 못했고, 야당 쪽에서 내줘가지고 야당 쪽에 인
제 그 저 바깥에 터에 자리 잡아가지고 농성을 했었지요. 그때 정
의당에서도 직접 나와가지고 많이 도와줬어요. 정의당 사람들은
비바람 몰아칠 때 텐트를 같이 쳐주기도 하고, 그러니까 '보는 시각
이, 여야가 세월호를 보는 시각이 이렇게 다르구나' 여실히 느꼈던
것이죠. 야당[여당] 사람들은 거의 잘 보지를 못했으니까. 의도적으
로도 접근을 안 하고, 피하려고 했고.

면담자   여당 쪽에서요?

수연 아빠   여당에서. 야당에서 특히 김현 의원 같은 경우에는
거의 같이 생활했으니까. 늦게까지 밥 먹고 또 술도 같이 먹고, 잠
도 자고, 자주 왔었어요. 여당 의원들, 아니 야당 의원들은 자주 왔
었어요. 와가지고 대화도 많이 하고, 여당은 한 번도 안 왔었어요.
그런 쪽으로 그렇게 '정치적으로 보는 관점이 틀리구나', 세월호는

어떻게 보면 정치나 이념하고는 다른 건데, 틀린 건데, 생명을 다루는 일인데 어떻게 당이 틀리다고 바라보는 게 틀린가… 대통령의 영향이 있어서 그렇겠죠. 저 국회에서 그런 걸 많이 했죠.

면담자 　　네, 많이 느끼셨겠어요.

수연 아빠 　　많이 느꼈죠.

면담자 　　당시에 여당의 무관심에 대한 충격, 분노나 실망감 이런 게 더 크셨나요, 아니면 야당에 받는 지지감이 더 크셨나요?

수연 아빠 　　그게 더 큰 거 같애.

면담자 　　뭔가 희망적인 게 더 컸나요?

수연 아빠 　　그게 더 고마웠지. 그나마 그래도 관심 갖고 호응해준 건 야당이니까. 우리가 뭐 그 야당 성향이 있고 뭐, 진보 성향이 있어 가지고 야당 사람들하고 친밀한 건 아니거든요. 새누리당이나 여당도 이렇게 우리한테 호응, 호응 좀 관심 갖고 협조적이면 우리도 여당하고도 대화를 많이 하죠. 근데 야당 쪽에서 그렇게 관심 갖고 해주니까 친밀한 거지. 정치적으로 접근하면 안 되는데, 정치인들은 그런 정치적 의도를 가지고 세월호를 보고서는 접근을 한다니까 참 이게 문제가 있는 거 같애요, 그렇게 생각을 하거든요, 평상시에.

면담자 　　그때는 그럼 좀 희망적인 생각이 있으셨던 건가요?

수연 아빠 　　그래도 그때는 그래도 쪼끔이라도 막연한 기대감이 있었지. 이렇게까지 하면 우리가 원하는 게 애들을 다시 돌려달라는 것도 아니고, 애들이 왜 그렇게 됐는지 그 이유를 알고 진실을 규명해 달라는 건데, 그러면 좀 어느 정도 될 줄 알았지. 그래서 현행법으론 힘드니까 그래서 특별법을 만들어달라고 사실 그렇게 했던 거고, 그 특별법이 우리가 원하는 만큼은 안 됐지만은, 반쪽짜리지만은, 그래도 됐으니까 쪼끔이라도 희망을 가졌던 건데, 정부에서는 인제 그런 걸 철저하게 방해를 하고 있으니까. 근데 방해는 이미, 처음 참사 때부터 시작됐던 것 같애. 의도적으로, 계획적으로 다 어떤 시나리오하에서, 지금 돌이켜 보면. 이미 참사 때부터 할 의지가 없었고, 하는 것을 방해만 할 생각했고, 그니까 어떻게 보면 우리도 참 힘이 없는 거지. 유가족이나 또 지지해 주는 국민들도 그 벽을 넘기가 힘든 거지. 그래서 지금 그게 고민이에요. 우리는 그 벽을 어떻게 좀 뛰어넘어 볼까. 그래도 이 중에 그래도 쪼끔 한 가지 희망이 있는 것은 4·13 총선에서 국민들도 물론 뭐 세월호 참사 때문이라고 볼 순 없겠지만 그래도 야당 손을 좀 많이 들어줬잖아요. 그래서 여소야대를 만들어줬기 때문에 국민들이 그래도 그렇게 뭐랄까 '너무 우매하진 않구나. 조금이라도 그래도 깨어 있는 사람이 있구나. 진실을 갈망하는 사람들이 그래도 꽤 있구나' 거기서 약간 희망을 보고 있죠.

면담자 그게 방금 말씀해 주신 게 16년도잖아요. 올해의 일인데, 15년에는 사실 14년 때 금방 정리가 됐어야 할 일들이 계속 지체된 게 있어서 비슷한 활동들이 이어져 왔던 거 같아요. 쫌 새로운 건 『금요일엔 돌아오렴』책이 발간되고, 이런 것들이 있었어요. 광화문에는 계속 계셨고, 아까 말씀하신 반쪽짜리 특별법 시행령에 대한 폐기 집회 이런 게 있었는데, 이어서 그런 활동 계속하셨어요? 동거차도는 그때 말씀해 주셨고, 단원고 교실 존치 문제에 있어서는 어떤 활동을 하셨어요?

수연 아빠　계속 참여했었죠, 참여는. 앞에 나서가지고 이렇게 끌고 나가진 않았지만, 참여는 그래도 했었죠, 그런 일 있을 때는. 적극적으로 참여하는 편이었죠, 뒤로 빼지는 않고.

면담자　그럼 그때 얘기를 다 안 했던 게 교실 문제인 거 같은데요.

수연 아빠　교실 문제도 사실상 참사 이후에 14년도에는 별로 신경을 못 썼어요. 나뿐만 아니라 가족들이 다 마찬가질 거 같애. 거를도 없었고, 그리고 한편으론 믿었던 것 같애. 학교만큼은 유가족들한테 실망 안 주고 뭐 알아서, 같은 어떤 피해자의 입장이니까. 모든 것이 인제 순조롭게 다 진행해 줄 거라 믿고, 신경을 못 썼던 것도 있고. 그래 가지고 15년도에 들어서서 학교를 돌아보니까 전혀 해놓은 게 없어, 피해자들을 위해서. 그래 가지고 그때부터 신경, 처음부터 관심을 가졌던 건 아닌데 '무슨 안이 있느냐' 했을 때 특별하게 안을 제시를 못하고, 안을 제시를 못하고 그렇게 계속 흘러오다가 결국 우리가 안을 제시했지. 다가오는 2016년 되면 신입생도 뽑아야 되고, 그렇게 되면, 교실이 존치하게 되면, 교실이 부족해지는 사태도 일어날 거고 하는데, 시간은 다가오는데 대안을 제시를 못해가지고, 우린 9월, 작년 9월 달인가 우리가 안을 제시했죠. 용역 불러가지고 설계 다 해서 학생들을 학습권 침해 안 되는 범위 내에서 교실 존치를 어떻게 얘기할 것인가에 대해 그때 안을 제시를 했더니 그제야 역으로 민주시민교육관이라는 것을 설립하겠다고. 그래서 교육청 안을 또 내놓은 거야.

근데 또 현실성이 없는 거지, 여러 가지로. 주민들하고 합의도 안 돼 있고, 결국에는 그게 그대로 간다면 주민들하고 마찰이 일어나는 상황이 생기기 때문에 '현실성이 없다', 그러면 어느 정도 선에서 조건을 갖춰놓은 다음에 그런 걸 안을 제시해야 되는데 일단 저질러놓고 또 해결하는 건 우리보고 해결하라는 것밖에 안 되기 때문에 근본적으로 다시 또 재협상하고. 그런 과정에서 일이 그렇게 사태가 이렇게 온 건데, 진작부터 학교가 잘못한 거예요. 학교가 진정성 있게 아이들을 추모하고 기억하기 위해서 뭔가 안을 제시했으면 이렇게 크게 확대가 되진 않았을 거라고 봐요. 그리고 우리 주민, 유가족 중에서도 '교실 꼭 존치해야 된다. 꼭 반드시 해야 된다' 이런 사람들이 처음에는 많지 않았던 것 같아요. 근데 그것이 어떻게 보면 계속 불거진 거야. 그렇게까지 생각을 안 했었는데, 하는 행태가 '너무 실망스럽다', 자꾸 보면은 기억하고 추모하고, 교육청이 가치를 승화시키려는 노력이 있는 게 아니고, 뭐 없애려고 하고, 지우려고 하고, 덮으려고 하고 정부에서 하는 행태나 학교가 똑같다는 거예요.

수연 아빠 이재복

거기에 대한 실망과 반감이 굉장히 많은 것 같애, 내 개인적으로도 그렇고. 주변에 얘기 들어보면 이렇게까지 생각 안 했어. 저는 기본적으로 학교 교실을 '꼭 영구적으로 존치해야 된다' 그렇게 생각 안 했어. '교실은 돌려줄 수도 있는 거 아니냐' 이렇게 생각했는데, 한편으로는 행동하는, 대하는, 우리 유가족, 피해자, 특히 피해자인 우리 애들을 대하는 마음의 진정성이나 행위가 너무 괘씸한 거야. 너무 괘씸해서 '이거 안 되겠다, 교실 존치[하자]', 또 엄마들이 나서기 시작하는 거야. 교육청 들어가서 시위하고 피켓 막 들어갔지. 작년 9월 달부턴가 아마 그럴 거예요. 그때부터 더 이 사건이 이 사안이 중요하게, 심각하게 돌아간 거예요.

그래 가지고 지금은 많은 부모들이 존치하는 쪽으로 막 기울었지. 왜냐면 너무 멀리 왔어요. 이게 유가족만의 일이 아니고, 전 국민적인 일이 됐어요. 학교에 막 관심도 갖게 되고, 막 찾아오기도 하고. 또 막연히 학교만 바라보는 거하고, 실제 와서 보는 거하곤 틀리거든. 학교라는, 교실이라는 것은 거의 애들의 숨소리와 체취, 추억 그런 게 다 담겨 있는 곳이야. 그걸 봤을 때 어떤 참사에 대한 실감, 이런 것은 직접 보지 않고서는 모르거든. 그걸 또 봄으로써 참사의 실상을 알고, 안전에 대한 경각심이래든가, 사회가 변해야 된다는 어떤 그런 중요성, 이런 것도 교육적인 차원에서 이거를 활용할 수 있는 가치가 있는 거죠.

그러니까 이게 너무 멀리 온 거야. 그러니까 이거를 지금 교실[을] 그냥 없앤다는 것은 지금 상황에선 힘들다는 거야. 화를 더 키운 거지. 그래서 애들[을] 무시할 수 없으니까 애들의 학습권 보장 해줘야 되고 하니까 절충을 봤잖아요. 협약에 의해서 우리 교실을 이전하기로 했잖아. 교실을 이전하되 원형 그대로 이전을 하기로 했잖아. 근데 그 과정에서도 뭐랄까, 그 진정성을 의심하는 행위들을 많이 했어요. 협약하기 전에 벌써 막 이삿짐 차가 들어오고, 원래 이 교실을 이전할 때는 진짜 특수차량까지는 아니더라도 안전성, 안전을 담보할 수 있는 그런 제대로 된 차량으로 안전하게 이동을 해야 되거든. 근데 무슨 이삿짐 나르듯이 그냥 차량이 막 들어오고, 박스가 막 들어오고, 이렇게 들어온 거야. 그러니까 거기서 좀 충격을 받았는데, 그럼에도 불구하고 당일 날, 협약하는 당일 날 우연히 학적부를 떼다 보니까 제적시켰잖아. 거기서 완전히 부모들이 또 실망하고 이제 불난 집에 기름 부은 꼴이 되는 거지.

그러니까 자꾸 그렇게 만들어가는 거예요, 우리가 만든 게 아니라 거기 쪽에서 만든 거야, 학교, 특히 학교 쪽에서. 그리고 책임 회피하기 위해서 교장이나 교직원들 다 물갈이시켜 버리고. 다 의도가 있는 것 같애, 계획적으로. 그 시기가 안 됐는데 왜 다 물갈이시켰는지는 그것도 이해가 안 돼요. 아예 책임을 못 물었어요, 사실상. 그게 본의든 본의 아니든 학교의 저 결정에 의해서 학생들이 수학여행을 가게 됐고, 그래서 희생됐잖아, 그럼 학교도 책임에서 자유롭지 못하다고. 어떤 형태로든 책임을 져야 되거든. 근데 책임을 진 게 뭐가 있어요? 없잖아. 그러고 진짜 가족들한테 와가지고 진정성 있는 책임자들, 교장을 비롯해서, 책임 교사들이 와서 진짜 사과를 한 것도 없고, 받은 것보다는 책임을 진 게 없어요. 책임을 물어야 되는데, 책임을 물을 대상들이 다 없어져 버린 거야. 그렇다 보니 모든 게 계획적인 거지. 모든 일련의 행태들이 너무 실망스러워. 그래서 '이건 안 되겠다' 해가지고, 우리가 지금 교실 존치는 못하더라도 교실 원형 복원은 민주시민교육원을 설립하기로 했으니까 '원형 복원을 해야 된다'[라고 생각했지].

근데 지금 와가지고 또 무슨 우리가 너무 무리한 요구를 한다면서 '이런 식으로 하면 등교 거부하고 학교 이전을 강행하겠다'[라고] 재학생들 20명이 회의 때 이렇게 얘기했다고 그러더라고? 근데 20명이 무슨 대표성을 가지고 있는지도 모르겠고, 재학생들이 한 1000명 되는데, 그러면 학부모, 부모와 합치면 한 2000명 될 텐데, 20명이면 1000분의 1밖에 안되잖아. 0.1프로가 대표성이 있는지도 의심스럽고 그 사람들이 나서가지고 뭐 학교 등교를 거부하고. 우리 가족들 콧방귀 뀌는 거야. 좀 웃기는 거예요, 그게 뭐하는 건지. 차라리 잘됐다고 하는 사람도 있어요. 등교하지 말라 그러지 뭐. 그러니까 이런 것들이 다 자기네들이 약속을 못 지켜요. 우리가 협약서를 받는 이유도 이것 땜에 받는 거예요. 하기로 해놓고 안 하잖아. 협약서를 작성했는데도 불구하고 제대로 안 하고 있잖아. 약속을 본인들이 어기는데 우리 탓으로 한다는 게, 근데 이게 언론에서 또 어떻게 왜곡되고 호도될지는 모르겠어. 또 언론에서야….

모르겠어. 교육청이나 학교 측을 쫌 그 대변하는, 그쪽을 옹호하는 그런 방향으로 언론엔 나가겠지. 어떻게 나올진 모르겠어요.

강행했을 때, 뭐 25일까지 답을 안 주면은 강행한다고 그러는데 〈비공개〉 A 같은 경우는 우리 애 마지막에 같이 있던 애거든. 캐비닛에 같이 들어 있던 앤데, A가 그렇게 공포에 질려가지고 울고불고할 때, 우리 애가 이렇게 위로해줬거든. "살 거니 걱정하지 마. 어떻게 해서든지 우리 살아 나가자". 위로해 주고 달래주고 격려해 주고 나갈 때도 막 밀어주고 끌어주고 그래서 산 건데, 그걸 분명히 알 텐데, 그걸 A가 편지에 써서 아는 거거든, 본인이. 그래서 귀에 굉장히 쟁쟁하다 그랬거든.

수연이가 그렇게 위로해 주고 걱정해 주고, 힘을 실어줘 가지고 얼마나 힘이 됐는지 모르고 그 소리가 아직도 귀에 쟁쟁하다고, 그런 얘기를 편지에 썼거든. (면담자 : 어디에 편지를 썼어요?) 우리 애 책상에 써 붙여놨어요. (면담자 : 학교에요?) 네. 계속 보관하고 있어요, 그걸. 그런 생각을 하면 [생존 학생 부모들이] 그렇게 못하지, 어떻게 살았는데 애들이. 애들이 스스로 나간 거 같애요? 아니에요. 다 밀어주고 당겨주고 다 한 거예요, 끌어주고. 거 우리 반에 미지, 반장이라는 애는 갑판까지 나갔잖아. 반장만 아니었어도 걔 살았어. 반장이라는 이유 하나 때문에 다시 들어간 거 아냐. 다시 들어가 가지고 다 인솔해서 뒤에서 밀어주고, 우리 애도 막 애들 밀어주고. 그 A 내보내고 우리 애도 휩쓸려 들어갔어요. 마지막까지 나오다가 마지막에 나오다가 문이 이렇게 있는데 문이 기울었으니까 문이 안 열리잖아. 이 배에 문이 밀어야 열리는 거예요. 안으로 당기는 문이 아니라 밀어야 열리는데 이게 기울어져 있으니까 애들이, 여학생들이 무슨 힘이 있어? 억지로 막 어떻게 해서 겨우 밀어가지고 바깥으로 나가기 시작한 거야. 나가다가 A까지 인제 딱 잡고선 나가는데 물이 확 휩쓸려 들어가 가지고 우리 애는 잡을 데가 없어가지고 우리 애부터 휩쓸려 들어갔거든. 그건 A나 생존자들 증언 덕분에 다 안 거야.

그렇게 해서 살았는데, 그런 걸 아는 부모라면 도와주지를 못할망정, 그렇게… 유가족들 가슴에 비수를 꽂는 그런 행위는 하지 말아야지. 그러니까 다 실망스러운 거예요, 다. 그래서 우리는 양보할 수가 없다는 거지, 우리는. 책상만 의자만 옮길 게 아니고 원형복원을 다 하기로 했으니까 뭐 기둥까지 뽑아오고 싶지만 우리가 구조적으로 문제 있는 부분은 양보를 했거든요. 구조적인 문제 있는 부분은 빼더라도 나머지 부분은 다 가지고 와서 다 원형 복원을 하고. 그래서 지금 라벨들을 다 붙였어요. 다 알어, 학교도. 라벨들이 어디 어딘지 우리가 옮기려면 미리 표시를 해야 하잖아. 어느 곳에 뭐가 있다는 것을 다 표시를 해놨었다고, 칠판 뭐 선풍기, 하다 못해 저 벽에 붙어 있는 뭐든 게시판들을 이런 것을 최대한 가져올 수 있는 것들은 가져오겠다 하고 작업을 다 끝냈거든. 그러고선 이제 이동하면 되는데, 근데 이제 와가지곤 공사가 커진다, 그러면서 인정할 수 없다고 거부하는 강경책으로 나가면 적반하장인 거지.

이런 식으로 하면 우리가 양보를 못하는 거지. 그러니까 다 그런 식이야, 다. 모든 게, 학교도 그렇고 정부도 그렇고, 대하는, 처신하는 행동들이 다 실망스럽고. 다 그거 아니에요. '다 죽었으니까 인제 잊어버려라' 그거 아니에요. 그거거든. '이제는 죽었으니까 잊어버려라. 앞으로 살 사람들만 잘 살게 좀 조용히 인제 있어라' 그거거든. 결국은 그거잖아. 정부나, 학교도 마찬가지고. '살 사람만 좀 살게. 이미 죽었으니까 죽은 사람 좀 조용히 있어라, 잠자코' 그거잖아. 그러니까 우리가 양보를 못하는 거지. 이게 생명을 다루는 거고. 아니 죽었다고 국민이 아니야? 국민을 구조 못했으면 그 국민들을 추모하고 기억하고, 그 국민을 통해서, 희생된 국민을 통해서 뭔가 새롭게 변할 수 있는 걸 모색하고, 그러기 위해선 희생자들을 더 기리고 그랬을 때 결국은 이런 참사가 되풀이되지 않고, 뭔가 사회가 변화되고 국가가 변화되는 모습이 될 텐데, 그런 과정 없이 그냥 변화된다? 그건 아니야. 지금까지 그렇게 해왔기 때문에 이렇잖아, 현실이. 나아지는 게 있어요? 계속 되풀이지. 그 전에 재난 사고가 얼마나 많았어. 그랬는데 또 되풀이되잖아. 그래서 우리는 세월호 참사로 끝내자는 거지. 세월호 참사로 끝내자는 거지, 더 이상 참사가 안 되게.

우리 유가족 중에서도 두 부류로 나뉘어, 몇 부류로 나눌 수 있지만 크게 두 부류로 나눌 수 있어요. 한 부류는 우리 같이 '이 참사가 더 이상 일어나면 안 된다. 이걸 통해서 사회가 어떻게 변화돼서 참사가 되풀이되지 않도록, 우리가 그런 사회를 만들 수 있도록 힘을 쓰고 투쟁해야 된다. 그것이 그리고 애들의 희생을 헛되지 않게 하는 것이다' 이렇게 생각하는 부류가 있고, 또 한 부류는 '뭐 하러 좋은 세상을 만드냐. 우리 애들을 보낸 세상인데, 뭐 하러 좋은,

158

수연 아빠 이재복

우리가 이렇게 힘들게 그런 세상을 만들어서'[라고 생각해요]. 막말로 더 죽어야지, 이 나라가 다 풍비박산돼 가지고 뒤집어지든지 해서, 더 많이 죽어야지, 왜 그런 좋은 세상을 만드냐 해서 참여 안 하는 사람도 있어요. 그런 부류들이 있는데, 이제 우리 같은 경우는 '그건 아니다', 나도 기본적으로 그런 마음은 솔직히 있지만 그래도 애들의 지금까지 살아온 17년, 만 17년을 살아왔는데, 17년을 살다가 간 애들의 희생의 가치를 높이려면 이걸 계기로 해서 뭔가 새롭게, 변화될 수 있게 그런 차원에서 우리가 또 이렇게 투쟁하고 활동하고 그러는 거죠. 말이 길어졌네요.

4
지난 시간 동안의 분노와 위안

면담자   괜찮습니다. 아버님이 지금 실망감, 어떤 분노, 이런 걸 말씀해 주신 것 같은데 지금까지 2년 동안 가장 화가 나고 힘들게 하는 게 무엇이었나요?

수연 아빠   화가 나는 거는 정부의 행태죠. 제일 화가 나는 거는 그거예요. 물론 제일 분하고 원통한 것은 이제 애들이 세상을 떠날 때 받았을 고통. 그건 상상할 수 없잖아요, 겪지 말아야 될 고통. 그거 생각하면 제일 분하고 원통한데, 또 한 가지는 국가가 [행한] 우리 애들에 대한 배신이지. 그래도 끝까지 믿었는데 믿음을 꺾었잖아, 국가가. 믿는 아이들을 어떻게 보면 외면하고, 그것도 부족해 가지고 계속 지금 진상을 규명해 달라는 것을 방해하고 있잖아요. 제일 분노하는 게 그거죠, 방해하는 거. 협조는 못해줄망정 방해하는 거. 그러면 방해한다는 것은 뭐냐. 그 참사에 관련됐다는 거에 대해서 자유롭지 못하다는 거지. 뭔가는 연관되어 있으니까 그렇게 방해하는 거 아니냐, 그렇잖아요, 그게 제일 화나는 거죠. 국가가 조사를 못할 거 같으면 우리가 노력해 가지고 만들려는 조사 기반을 법에, 법적으로 하게 되어 있으니까 법의 테두리 안에서 해줄 수 있는 거는 해줘야 되는 거 아니냐, 근데 그걸 계속 방해하고 은폐하고 노골적으로 지금 하고 있잖아요. 그러니까 이거는 도저히 이해를 할 수가 없는 거야. 국가가 참사에 연관이 안 돼 있다 그러면은 이렇게까지 노골적으로 집요하게 방해할 수 있느냐, 그 점에 대해서 이해를 할 수가 없고 제일 분노하는 거지. 그 부분에서 우리가 포기할 수는 없는 그런 이유가 있다는 거고.

우리가 원하는 것은 이 어거지로 진상을, 어거지로 없는 것을 있는 것처럼 드러내 가지고 진짜 국가가 뭐 위태롭게, 대단한 것을 원하는 게 아니거든요. 진짜 제대로 조사해서, 의혹은 의혹일 뿐이고 국가가 잘못이 없다, 그럼 우리가 받아들인다니까. 우리가 억지로 무슨 뭐 없는 거를 있는 거로 둔갑시켜 가지고 하자는 게 아니에요. 나라를 전복시키자는 게 아니야. 제대로 조사를 하게 해달라는 거지. 그것만 권리를 보장해 달라는 거지. 제대로 조사해서 이것은 이제 불가항력적이고, 천재지변이고 인재라고 하더라도 어쩔 수 없는, 진짜 승무원만 잘못했다, 인간도 아닌 것들이 진짜 재수 없게 인간 아닌 것들이 그 배에 있어가지고, 애들이 걔네들 잘못된 행태로 인해서 애들이 그렇게 있을 수밖에 없었다, 국가에선 잘못 없다, 조사를 해보니까 그러면 받아들인다니까. 받아들이고 깨끗하게 우리 애들 보낸다니까. 근데 조사를 못 하게 하니까. 조사를 해줘야 될 게 아니야, 조사를. 그러니까 이게 제일 답답한 거지, 이해를 못하는 거고.

면담자   반대로, 혹시 좀 위안이 되는 것도 있나요?

수연 아빠   (침묵) 지금까지는 뭐 크게 위안된다고 하기보다는 아까도 잠깐 얘기했지만은 희망을 약간 걸고 있는 게 요번에 4·13 총선을 통해서, 물론 이제 14년도에 또 실망스러웠던 게 6·4 지방선거하고 14년 보궐선거 때 야당이 참패를 했잖아요. 그건 어떻게 보면 세월호를 조금 잊어버렸다 그럴까? '세월호를 기억하고 참사에 대해서 공감을 한다' 그러면 심판을 했어야 되거든. 여당에 대한 심판을 했어야 되거든, 정부에 대한 심판을 했어야 되거든. 근데 심판을 안 하고 오히려 정부에 힘을 실어준 거 아니야. 그때 굉장히 실망을 했어요. 저 개인적으로 실망을 했을 뿐 아니라 유가족들이 '이게 이런 식이구나' 벽을 많이 느꼈고, 그렇기 때문에 더 열심히 '특별법 개정을 해야 된다'라고 투쟁을 많이 했었고, 더. '결국 우리의 외로운 싸움이구나. 우리밖에 없구나' 지금도 그런 생각은 변함이 없는데, 근데 이번에는 그래도 4·13 총선에서 야당 편을 좀 들어줬잖아요. 야당이 목소리를 좀 많이 냈었잖아요. '세월호 진상 규명을 해야 된다' 그리고 4·13 총선 직전에는 또 개정, '특조위 무력화시키는 특별법은 개정을 해서 특조위 조사 권한 기간을 연장해야 된다' 그런 얘기 계속했었잖아, 지상파에는 안 나왔지만.

특히 거기 대표적으로 박주민 변호사가 앞장서 가지고 '세월호 변호사'라고 별명까지 있으면서 특별법 개정 때문에 이렇게 투쟁하고 다니는데, 그 박주민 변호사를 의원으로 만들었단 말이야. 그러니까 세월호, 이 4·13 총선이 세월호하고 무관하다고 볼 수는 없거든요. '분명 연관되어 있다'. 그렇다면 '국민들이 쪼금이라도 우호적이고 좀 그래도 관심을 갖지 않았냐' 그것이 결정적으로 지지율을 바꾸는 데 영향을 준다고 볼 수는 없지만 그래도, 그래도 관심이 없던 사람들이 관심이 있는 쪽으로 기울지 않았느냐, 약간이라도. 거기에 좀 위안을 받고 희망을 받는 거지. 근데 그럴수록 정부는 노골적으로 더 변해, 갈수록. 더 자기들이 똘똘 뭉치고, 소위 그 친박이라는 세력들이 똘똘 뭉치잖아. 이제는 박근혜는 국민이 없어요. 박근혜 머릿속에는 국민이 존재하지 않[아]. 원래 없었던 건데 이제 드러난 거야, 수면 위로. 원래는 이렇게 잠재되어 있던 건데, 감춰져 있던 건데 이제는 자기 실상을 드러낸 거지. '나는 원래 우리 국민이 없었다. 나하고 우리 세력밖에 없던 거다' 이게 이제 드러난 거예요, 노골적으로. 국민 뜻이 분명히, 뜻이라는 걸 인제 알려줬는데, 근데 그럼 그 뜻을 따라야 되는데 안 따르고 자기 고집대로 계속 가겠다는 거. 그럼 국민은 자기[는], 원래 국민은 자기는 신경 안 썼다는 얘기지.

결국 그렇기 때문에 이 결과가 이렇게 왔던 거고 이걸 바꿔야 된다는 거지, 이런 기득권층의 사고방식, 국민을 바라보고만 해도 정치는 국민을 위해서 있는 거지, 자기 기득권층을 위해서 있는 게 아니잖아요. 근데 지금까지 그렇게 해왔던 거잖아. 근데 우리는 이 참사를 통해서 그걸 봤단 말이야. '정치가 국민을 위해서 있는 게 아니고, 그들만의 정치구나', 팽목항 내려가서 알았단 말이야. 그날 알았어요. 내려간 날은 몰랐어요. 내려간 날은 난 그래도 국가를 원망은 안 했어요. 내려가자마자 그날 저녁에 안 거야, 우리는 그날 저녁에. '아니, 국민을 버리는구나. 우리 애들을 버리는 것도 모자라서 우리 유가족들도 버리는구나. 또 우리를 지지하는 국민들도 버리는구나'. 버리는 거지, 있는 실상을 얘길 했는데 실상을 은폐하고 거짓을 얘기하니까 우리를 버리는 거지. 그러니까 그것이 계속 지내온 거야. 지속돼온 거야. 세월호 참사 때부터 시작된 게 아니더라고, 벌써 그 전부터더라고, 알아보니까.

근데 이렇게 쭉 가는데 이게 어느 순간에 뭐 개선이 돼? 개선이 안 되지. 그럼 또 되풀이되는 거야. 언제 어디서 또 터질지 몰라. 그러니까 결국 정치는 뭐냐면 국민을 위하는 것이 아니라 국민들을 이용하는 정치야, 보니까. 그래서 바꿔야 한다는 거예요. 근데 '그게 뭐가 필요 있냐' 하는 층이 있고, '그렇게 해서 되겠냐' 자포자기하는 층이 있고, 유가족도 여러 가지 층이 있어요. 근데 우리는 또 그걸 다 이해는 해. 이해 못하는 부분도 있지만 결국 우리는 다 끌어가야 되니까. 하는 사람이 열심히 하는 거야.

5
치유적 개입의 필요성

면담자   말씀해 주신 대로 방해하는 정부, 방해하는 국가도
있지만 그래도 박주민 변호사 같은 지지하고 도와준, 함께하는 어
떤 정치인도 생겼잖아요. 그리고 국가에서나 안산시에서도 사실
당시에 지원을 했던 거나, 또 시민 단체들이 여기에 많이 들어와 있
다거나 하고, 온마음센터 같은 경우도 사실은 정부에서 하는 거잖
아요. 그런 것들에 대한 생각은 어떠세요? 온마음센터 언급하셨던
것 같은데 아버님은 거기서 뭐 이용하셨죠?

수연 아빠   온마음센터가 트라우마센터잖아요. 그게 필요하긴
필요해요. 근데 많이 개선할 부분은 있어요. 실질적으로 유가족들
한테 피부에 와 닿도록 프로그램도 만들고 그런 활동을 해야 되는
데, 이런 게 아직까지는 하나도 익숙지 않고, 어떻게 보면 세월호
때문에 이런 트라우마가 좀 더 생긴 거 같은데 그동안의 관행이나
관습상 익숙지 않다 보니까 아직 정착이 안 된 것 같애요. 이것도
하나의 시행착오를 거쳐가지고 조금 바뀌어야 하는데 '그래도 필요
하기 때문에 유지는 해야 한다'라는 의견이 있어요. 이것도 뭐 가족
들 간에 필요 없다, 불필요하다 하는 사람도 있는데 장기적으로 봤

을 때는 '필요하다'[라는 의견이 우세해요]. 트라우마가 뭐 하루 이틀 만에, 한두 해 만에 없어지는 게 아니거든. 이게 장기적으로 나중에 나타난 사례도 있었고, 장기적으로 쭈욱 가야 되기 때문에 그 트라우마센터, 온마음센터는 필요한데 온마음센터가 실제적으로 가족들한테 필요에 와 닿도록 프로그램도 만들고 활동도 해줄 필요가 있죠. 좀 미흡한 게 많이 있어요. '가족이 진짜 원하는 게 뭔가' 그런 걸 더 고민하고[그래야 하는데], 그냥 형식적으로만 이렇게 해놓고 유지하기 위해서 자꾸 참여만 해달라는 거야. 트라우마센터, 온마음도 지금 그거야. 유지를 하려면 가족들의 참여가 필요하니까 억지로 그냥 와달라고 하는 거거든. 그니까 억지로 와달라고 해서 물론 필요하기 때문에 그런 차원에서 가는 엄마, 아빠도 있어요.

우리가 활동을 하고 참여를 해야 실적이 [나오거든]. 어차피 국가기관이기 때문에 국가에다 보고를 해야 되거든. 얼마나 참여를 했고, 얼마나 활동을 했는지 그런 거를 다 보고서를 만들어가지고. 알아요, 제출해야 된다는 것을 알아. 그거 때문에 보여주기 위해서, 참여를 유도하기 때문에 그래서 참여하는 사람도 있고 자기가 필요해서 참여하는 사람도 있는데, 저조하지. 근데 그런 것들이 부족했어요. '실질적으로 원하는 게 뭐냐', 다양하게 그거 여론 수렴도 좀 하고, 설문 조사도 하고 해가지고 다 해야 되는데, 자체적으로 자기들이 '이게 필요하지 않겠냐' 만들어놓고 자꾸 와달라고만 하니까. 그게 현실하고는 잘 안 맞는 부분들이 있지. 그니까 더 노력을 해야 되는데 그 노력이 아직까지는 부족한 거 같애요.

면담자 　트라우마센터가 필요하다는 거는 심리적인 도움이나 의료적인 조치가 필요하다는 말씀이신 거예요?

수연 아빠 　그죠, 의료도 의료지만은 안식처가 필요한 거지. 안식처나 우리는 지금 뭐 얘기를 했는지 모르지만 일단은 일상이나 사회하고 단절되어 있어요. 일상으로 돌아가지 못해요. 사회적으로 어떻게 보면 격리된 거야, 완전히. 우리 공감할 수 있는 사람들끼리만 어울릴 수밖에 없어. 그 전 사람들하곤 대화가 안 돼. 벌써 몇 마디를 나눠보면, 더 이상 진전이 안 돼. 공감이 안 되니까. 그런데 지금 유가족들은 만난 지 뭐 1년. 애들 땜에 만났음에도 불구하고 터놓고 얘기할 수 있어. 웃을 수 있어, 얘기하면서. 그러니까 이것은 하루 이틀 만에 사회로 다시 돌아갈 수 있는 상황이 안 되거든요. 그럼 요거를 해소할 수 있는 방법이 필요해요. 물론 이제 분향소가 있지만, 분향소도 인제 언젠가 없어지잖아요. 합동 영결식 하고 나면 없어진다고. 그거 없어지면 또 어떡할 거냐는 거지.

　물론 그거를, 그런 걸 대비하기 위해서 사실 협동조합도 우리가 생각하고는 있거든요, 그것도 하나의 수단으로. 근데 그 협동조합이 다 또 그걸 소화할 순 없거든. 협동조합도 하나의 일부분이에요. 그 많은 가족들을 다 이렇게 뭐랄까 정신적으로 위[로], 치료하면서 끝까지 이렇게 진상 규명까지 끌고 가기 위해서는 그게 어떤 단체가 필요하죠. 근데 그 단체가, 트라우마센터가 많이 도움이 될 수가 있지. 어떤 프로그램 통해서 힐링도 하면서 가족들이 모이고, 계속 이렇게 유지해나갈 수 있는. 가족들이 모여야지 우리는 치료

수연 아빠 이재복

가 되는 거예요. 가장 중요한 것은, 가족들이 모여서 대화하고 그 속에서 위로가 되고, 치유가 되고, 또 같이 뭉쳐가지고 활동하면서 진상 규명하기 위해서 또 나가야 되고, 그런 과정에서 치료가 되는 거지. 그러지 않아도 사회에서 고립됐는데, 거기서 또 뭐 개인적으로 고립된다고 하면 무슨 일이 생길지 모르는 거지. 이번에 얼마 전에 민간 잠수사 김관홍 씨 자살한 거 [기사로] 나왔잖아요. 트라우마를 견디지 못해 자살한 거거든요, 그 사람도. 격리돼 있으니까. 거기는 진짜 보호를 못했잖아. 민간 잠수사들도 나름대로 트라우마가 있는데. 애들 시신을 수습하는 과정에서 나름대로 고통이 있는 거거든, 인간적으로. 그러면서 시달리는 거야. 밤에 꿈에도 나오고 막 시달리는 거야. 이렇게 정신적으로 이러니까 몸도 아프고, 그러니까 사회생활 제대로 못하니까 직장도 잃고 경제활동도 어려워지고 이러니까, 뭐 대리 기사도 하고 이렇게.

그런 잠수사들도 하물며 그런 고통 이런 게 있는데 가족들은 어떻겠냐는 거지. 그래도 가족들은 모르겠어. 그래도 얘기를 할 수 있으니까 유지가 되는 거예요. 근데 잠수사들처럼 완전 다 끊고, 다 개별적으로 이렇게 격리되어 있다 이러면 가족들 더 힘들지, 못 견디지. 나도 지금 걱정되는 게 지금은 어떻게 보면 진상 규명이란 거, 이것 때문에 다 막 몰려다니고 투쟁하느라고 정신이 없는데, 진상 규명돼도 문제야, 오히려 나는. 진상 규명 다 되고 다 이제 모든 게 다 정리됐어. 다 뿔뿔이 흩어졌어. 그때부터 아마 가족들은 시작될 거라고, 그때부터. 지금은 어떻게 보면 정신이 없어요. 지금은 어떻게 보면 애들이 왜 죽었나 이거 빨리 진상 규명하는 것밖에 없어, 생각 속에. 근데 진상 규명 다 정리됐어, 인제. 다 인제 잊어버렸어. 각자 흩어져 가지고 각자 살아야 돼. 그럴 때 아마 사고가 많이 나올 거 같애. 그 상실감이 그때 나올 거 같애. 그래서 이번에 민간 잠수사를 보고, '우리 가족들의 일이구나' 생각을 했어요, 이게. 언젠가는 다 각자 생활 가게 될 텐데 그때 오는 어떤 고립감, 무력감, 트라우마, 스트레스, 이건 스스로 해결해야 되는 거거든. 민간 잠수사도 스스로 해결하다가 도저히 감당 못하니까 그런 선택을 한 거거든.

가족 중에, 총희생자 304명이고, 304명에 관련된 가족이 한두 명이에요? 부모, 형제자매, 또 친구들까지 그 사람들 중에서 이런 사고가 없으리라고 보장을 못한다는 거지, 못해요. 이거 끝난 게 아니에요. 이제 트라우마센터도 있고, 가족들 만나서 얘기하니까 '아, 이제 괜찮은가 보다. 치유가 되고, 일상으로 돌아가고 편해지겠지' 당사자 아닌 사람들은 그렇게 생각할 수 있지. 근데 당사자들은 이게 언제 어느 순간에 올지 모르는 거거든. 그 전에 재난 이런 거 보면 대구지하철 참사도 온 국민이 지난 뒤 그 뒤에 뭐 큰 사고 난 적 있었다며. 정확히는 모르겠는데 자살을 했다나 그랬나 있어요. 나중에 이게 나타날 수 있는 거거든. 오히려 다 정리되고 했을 때, 홀가분해졌을 때 스스로 선택할 수도 있어요, 스스로. '아, 이제 애한테 가야겠구나. 아, 나는 이제 너한테, 애한테 할 만큼 했어' 그래서 '이제 알아낼 거 알아내고 했으니까 이제 너한테 갈게' 하는 부모도 나올 수 있어요. 그거 장담 못해요. 그 때문에도 지속적인

수연 아빠 이재복

관심은 있어야 된다. 그걸 원하지 않는다면 할 수 없지만, 그 사람들 그거 알아서 하라면 어쩔 수 없는 거지만, 그래도 유가족들 쪼끔이라도 위해주고 생각해 주면, 그런 식으로도 어떤 식으로도 트라우마센터라는 것은 유지가 되어야 되고, 그 전문가들이 좀 이렇게 지속적인 관심이 있어야 된다[라고 생각해요].

더 안정됐을 때, 안정됐을 때 더 위험해요, 안정됐을 때. 난 그게 걱정이에요. 내 스스로 어떻게 될지 모르는데 뭐, 내 스스로도. 내 스스로도 지금 애 보고 싶은 생각 뭐 굴뚝같은데, 뭐 사는 데 무슨 의미가 있어. 그런 게 많아요.

6
지난 활동에서의 후회와 삶의 변화

면담자   아버님, 지난 2년 동안의 경험이나 활동을 주로 얘기하고 계신데 혹시 스스로의 활동에 대해 아쉽거나 후회하시는 점도 있나요?

수연 아빠   많죠. 사실 더 사실 열심히 하고 싶은데 역량이 부족한 거지, 역량이. 내 지금까지 살아왔던 게 어떻게 이렇게 참 무지하게 살아왔는가 후회가 많죠. 이렇게 내가 능력이 부족한가. 더 애를 위해서 더 진짜 투쟁도 열심히 하고, 이 정부를 상대로 더 뭐 목소리도 내고 막 그러고 싶은데 그럴 만한 역량이 부족하다는 거.

거기에다가 거기에서 오는 무력감 그런 게 크죠. 아마 가족들 그런 게 많을 거예요, 아마. 그런 사람들만 미리 조사해 가지고 희생을 시켰나 그런 생각도 들어. 우리 가족들 중에서 뭐 어디 무슨 뭐 돈 많은 사람이 있는 것도 아니고, 무슨 빽 있는 사람이 있는 것도 아니고, 고위, 고위층에 있는 사람들도 아니고. 그래 내가 그러잖아요. '우리가 강남권에 살고 있었으면 이렇게까지 하겠나' 하는 생각도 들고. 다 그냥 평범해. 평범하고 소시민들, 애하고 직장생활 하고 그냥 쫓아다닌 사람들이야, 일반 진짜 평범한 시민들. 힘은 무슨 힘이 있어. 살아오면서 어디 그런 경험이 있었어요? 내 밥벌이만 생각하고 맨날 매달렸던 사람들인데 뭔 힘이 있어. 이런 사람들이 이제 나와서 투쟁 아닌 투쟁을 해야 되니까 얼마나 힘들어. 나 같아도 가만히 못 있어가지고 나가서 뭐 투쟁 아닌 투쟁을 하고, 활동을 나름대로 막 다니고 하는데도 힘이 부쳐가지고 실망을 많이 느끼는데. 실망감 무지하게 커요, 그게 제일 커. 내 자신에 대한 실망감, 내 자신에 대한 어떤 무력감. 그거 생각한다 그러면 포기해야 돼요.

근데 그래도 버티고 가는 거는 애 땜에 하는 거예요, 애를 보고. 지금 내가 1반 반 대표지만 반 대표로서의 역량이나 자질이 굉장히 부족해 가지고, 내가 진짜 안 할라 그랬는데 자꾸 하라 그래 가지고 하는데, 근데 굉장히 부담스러워요, 이것도. 얼마나 후회되는지 몰라 지금. 타고난 책임감이 있어 가지고 막 하긴 하는데, 내 한 사람 일이 아니다 보니까 1반, 반이란 책임을 갖고 있다 보니까 거기에 대한 부담감이 상당히 크다고. 근데 이제 거기에 대해선 부족함

수연 아빠 이재복

을 많이 느끼는 거지. 일반 사람들 다 끌고서 가야 되는데. 물론 다는 아니래도, 다 끌고 한다는 욕심은 버려야겠지만, 그래도 다 이제 떨어지지 않도록 동력이 떨어지지 않도록 계속 에너지를 자꾸 끌어모아야 되는데, 끌고 가야 되는데 그런 역량이 부족하다는 것을 많이 느끼죠. 거기에서 오는 실망감, 지금까지 어떻게 왜 살았나, 어떻게 살았나 후회 이런 것들이 많죠.

그럼에도 불구하고 이건 어차피 해야 될 일이기 때문에 어떻게든지 '이 현실에 대해서도 최선을 다하자' 그래서 이렇게 나와서 얘기도 하고 자꾸 하는 거지. 하다 보니 나아지겠지. 하루 이틀 만에 끝낼 일이 아니고 장기적으로 가야 될 사람들이기 때문에 그래서 공방에 또 나가는 거고, 공방 나가가지고 이렇게 공방이래도 좀 나올 수 있도록 자꾸 이렇게 기회를 만들어주는 거고. 해보는데, 너무 부족해. 이런 걸 많이 좀 배우고 공부하고 이런 거 좀 관심 갖고, 사회에 대해서도 좀 신경 쓰고 뭐라 그럴까 시선도 돌리고 그랬어야 됐는데, 나만 생각했었거든, 참사 전에는 나만 생각했었거든. 그동안 참사 있었어도 나는 할 말도 없어요, 사실은. 지금 무관심한 사람들한테도 할 말도 없어, 내가 그랬으니까. 근데 이제 때 늦은 후회지. 그런 것들이 힘들어요, 그런 것들이.

면담자   연결되는 얘길 수도 있을 것 같은데, 지금 4·16의 경험이 아버님께 가져온 가장 큰 변화를 꼽으라면 어떤 게 있나요?

수연 아빠   사회에 대한 인식이죠. 가장 큰 건 사회에 대한 인식. 나만 생각했었는데, 이게 나만 생각할 게 아니구나. 사회에 대해서 좀 관심을 갖고 사회를 변화시킬 수 있는 노력을 해야지, 결국 이게 나를 위한 거지. 지금까지 그 정부의 어떤 왜곡된 그 뭐랄까 교육? 또는 뭐 방침 이런 거에 너무 끌려갔구나. 결국 '나에 대한 어떤 권리라든가 이런 것들을 너무 모르고, 무지했구나' 이런 거를 많이 느끼지, 세월호 참사를 통해서. 세월호 참사가 정부의 거짓된 민낯을 드러냈잖아요. 그걸 가족들이 그냥 몸으로 그냥 느낀 거예요. 그냥 바로 눈으로 보고, 귀로 듣고, 몸으로 그냥 확 체화를 한 거야. 이거는 생생하게 우리는 그걸 받아들였기 때문에 (한숨) 우리가 봤던 이 사회, 우리가 봤던 국가가 제대로 된 원래 사회가 '아니었구나. 잘못된 거였구나' 이런 거, 이런 걸 본 거지. 그게 가장 큰 변화다[라는] 거지. 좀 의식, 비판 의식, 부정하는 의식이 아니고, 비판하는 거하고 부정하는 거하고 틀리잖아요. 비판이라는 것은 좀 긍정적인 게 내포되어 있는 거 아니야. 새롭게 긍정적으로 변화시키고자 하는 그런 게 내포되어 있는 거니까. 그런 비판 의식이, 많이 의식이 바뀌었다는 것이 가장 크게 바뀌었다는 거지. 그래서 활동하는 가족들은 그런 게, 아마 그럴 거예요.

면담자   아버님, 그럼 혹시 앞으로의 삶에서 목표하시는 바가 있으신지요?

수연 아빠   목표가 있어요. 그래서 무력감을 많이 느껴요. 부족함도 많이 느끼고. 아까도 변화, 사회 인식이 바뀌다 보니까 나만을 생각하는 생활을 해서는 안 되지 않느냐, 뭔가 사회를 위해서 뭐 복지를 위해서 주변 사람들을 위해서 그런 마지막의 삶을 살고 싶다는 막연한 생각을 하죠. 그것이 어떻게 보면 애한테 보답할 수 있는 거고. '그래도 아빠는 이렇게 살아왔다. 너를 통해서 세상을 보게 됐고, 세상을 위해서 이렇게 또 열심히 살아왔다', 나중에 만 났을 때 자신 있게 얘기할 수 있는 떳떳한 아빠가 되는 거지. 그냥 무기력하고, 그냥 뭐 세상을 알면서도 나만 생각하고 살았고, 애를 위해서 한 것도 없고, 그러고 나서 애 만났을 때 무슨 고개를 들고 만날 수 있겠어요? 이제 그런 거 생각하면 우리 사회를 위해서 뭔 가를 좀 살면서 여생을 마치고 싶은데, 그러기에는 참 마음은 있는데 능력이 부족해. 역량이 부족해.

그게 지금 고민이에요, 그게. 뭔가를 찾아야 되는데, 뭐 지금 협동, 목공을 통해서 협동[조합], 물론 지금 자꾸 하자고 그래 가지고 그런 것도 사실 지금 붙잡고는 있지만, 나는 그것보다도 협동조합 그거보다도 그런 게 큰 거죠. 사회 활동, 소위 사회 활동가라 그러 잖아요. 그런 거를 좀 해서 사회를 변화시키는 이쪽을 하고 싶은 생각이 있는데, 그러기에는 너무나 좀, 너무 뭐랄까 지금까지 삶이 그런 거하고 너무 동떨어져 있고 그래 가지고 너무 늦지 않았나 생 각도 들고, 부족하단 생각도 들고, 그럼에도 불구하고, 그럼에도 불구하고 뭔가 좀 찾을 수 있지 않느냐 그래서 관심은 가지고 있어 요. 그래서 그런 것 때문에 좀, 좀 많이 대화도 많이 앞으로 찾아다 니면서 하고 싶고. 특히 복지사들이나 그런 얘기 하는 사람도 있

173

3회차

고, '그런 거에 관심이 있다. 내가 할 수 있을지 모르겠지만 하고 싶다' 하면 복지사들도 충분히 가능하다고 하라는데, 내 자신을 내가 더 잘 알기 때문에 그건 성향이나 역량이 많이 부족해 가지고, 많이 공부를 해야겠지요.

그래서 신경을, 좀 관심을 가지고 있어요. 공부를 좀 하려고 하는데, 이 나이에 공부를 하려고 하니까 힘들어. 책을 좀 뭘 봐야 될지 모르겠고, 이것저것 막 보려고 하는데 눈에 들어오지도 않고. 그래서 인제 온마음에 요번에 공부방이라고 아빠들 공부방이라고 그걸 계속 듣고 있거든요. 아빠들 공부방은 교수들이나 강사들이 그래도 의식이 있는 사람들이에요. 의식 없는 사람들은 안 와요. 무슨 강사료가 많은 것도 아니고, 그렇다고 인원이 뭐 많은 것도 아니고, 인원 많아봐야 네 명, 다섯 명. 제일 많을 때가 뭐 일곱 명이야. 두세 명일 때도 있어. 그 사람들이 두세 명, 네다섯 명 강의하러 오겠어요? 그건 아닐 거고, 세월호에 대한 관심, 의식이 있어서 오는 거거든, 돈을 떠나서. 그런 사람들이 와서 세월호같이 공감하고, 뭔가라도 이렇게 자기가 알고 있는 지식이나 이런 거 알려주고 하는 것이 고맙기도 하고. 또 그런 사람들 얘기 들어보면 배울 점이 많더라고, 쭉 들어보니까. 그런, 그런 거는 좀 온마음이 잘하는 것 같애.

그런 쪽을 인제 개발을 많이 하고, 어제도 그 유범상 교수, 그 마중물 대표하고 있는 유범상 교수 와가지고 네 번째 강의, 마지막 강의했어. 듣고 나서 이 뒤풀이 술 한잔 먹으면서 다섯 명 아빠, 다

수연 아빠 이재복

섯 명 왔어. 3시간 넘게 얘기하더라고, 11시 넘어서 끝났는데 그게 유익하더라고. 그런 토론 문화가 참 좋더라고. 난 생소하거든. 참 그런 게 너무 없었던 것 같애. 우리나라가 학습 자체가 주입식 학습이고, 외국 얘기 들어보면 다 그런 문화가 많이 발달되어 있드라고. 그러니까 의식이 깨어 있는 거야. 특히 선진국, 뭐 스웨덴, 핀란드, 네덜란드 이런 복지국가가 이미 결국 그런 어떤 토론 문화 분위기까지 정착되어 있더라고. 학습 동아리들이 막 활성화되어 있고 거기도 국가가 지원해 주고, 우리는 상상도 못하는 거지. 우리는 모이면 막 흩어지게 하잖아. 그런 것들이 참 부럽더라고. 그런 것들을 인제 해야 된다고 주장하자고 다니는 분이에요, 유범상 교수가. 그니까 국가, 정부 시책하고는 좀 어긋나는 거지. 그래서 제지도 많이 당한다고 그러더라고.

근데 진짜 필요한 거 같애. 이런 동아리들이 이런 것이 막 의식 있는 사람들이 모여가지고 비판도 하고 토론도 하고, 이런 것들이 좀 확산이 돼가지고 이런 것들이 하나의 큰 힘이 돼서, 그것들이 사회가 바뀌는 거거든. 이제 보면 내가 생각을 해도 정부 통해서 이 사회가 바뀌긴 힘들 거 같애. '일단 의지가 없고, 할 생각도 없고 자기들만을 위한 정치를 하는 거기 때문에 안 된다. 결국 이 사회를 바꾸려면 국민들이 나서야 된다' 좀 막연하게 그런 생각을 했었는데 유범상 교수가 그런 얘길 해주니까 굉장히 난, 굉장히 공감을 하는 강의를 요번에 들었어요. 아빠들 몇 명 모아가지고, 3시간 동안 막 뭔 얘길 할까 했었는데 얘기를 하다 보니까 3시간 동안 이야

175
•
3회차

기를 하더라고. 더 얘길 하고 싶었는데 온마음에서 같이 왔던 사람들이 주차 끝나가고 교수님 가서야 된다 그러고 그래 가지고 그랬는데, 하튼 그런 것들이 인제 배워야 될 것도 많고 해야 될 것도 참 많은데 거기에다 여기 뭐랄까 부족함이라는 게.

7
마무리

면담자　　얘기가 질문과 계속 연결되는 거 같애요. 마지막 질문으로 지금 수연이를 떠올리시면 어떤 생각을 하시는지 말씀해 주세요.

수연 아빠　　(한숨) 수연이를 생각하면 뭐, 일단은 미안하죠. 수연이한텐 제가 해줘야 될 게 굉장히 많았다고, 해주고 싶은 것도 많고, 해야 될 것도 많은데 그걸 못하는 게 제일 괴로웠지, 그게 제일 괴로워. 해주고 싶은 것도 많고, 해줘야 될 게 많은데 그게 젤 괴로운 거지. 그러곤 이제 살아오면서 많이 신경을 못 썼어요. 나중에 더 잘해주겠다는 생각만 가지고 지금은 돈 벌기, 돈 벌기에 급급했으니까, 일에 내 일에만 매달렸으니까. 그래도 뭐 해준다고는 나름대로 했는데도 많이 부족하지. 그게 제일 후회스럽고 제일 아쉬운 거지. 더 잘해줬어야 되고, 우리 애가 그렇게 서울 쪽으로 가고 싶어 했어요. 항상 "인 서울, 인 서울", 그래서 수시로 대학교 서울 쪽으로 가야겠다 그래 가지고 단원고 보낸 건데, 서울을 왜 이렇게 못 데리고 다니고, 구경을 시켜주지 [못했는지], 못 데리고 갔다는 거. 그리고 대화도 많이 하고 그랬어야 하는데, 뭐 한두 가지가 아니야. 그렇게 마음속으로는 사랑하는데도 사랑한다는 소리도 한 번도 못했으니까(침묵). 이제 그게 다시 돌이킬 수 없다는 게 너무 절망스럽지. 이제 한 가지밖엔 없어요. 나중에 수연이 만났을 때 그래도, 그래도 최선을 다하고 왔다고 쪼끔이라도 떳떳하게 얘기할 수 있는 아빠로서의 삶을 살아가는 그거죠. 꼭 만나야 되고, 근데 만나야 되는데 어떻게 만나야 될지…. 그래서 교회를 나가요(웃음). 사실 난 교회를 안 나갔었는데, 우리 집사람만 나갔었는데. 만나게 되면, 막연하게 기도하면 뭐 될 것도 같다는, 된다고 하는… 그 기도하고, 맨날 그거예요, 애 좋은 곳으로 보내달라고 하고, 꼭 나중에 만나야 된다고 [하고]. 근데 워낙 믿음이 없으니까 그게 믿음 없이 다니니까 (한숨) 그것도 한계가 오드라고.

면담자   원래 전혀 교회 나가지 않으셨어요?

수연 아빠   예전에 나갔어. 젊었을 때 나갔어요. 젊었을 때 나가다가, 나가다가 그만두니까 더 못 나가겠더라고요. 한때는 뭐 열심히 다녔었어요. 뭐 목회하라고 권유를 받을 정도로, 열심히 다녔는데 열심히 잘 다닌 적도 있었는데 젊을 때지, 사회 초창기 때. 근데 어떻게 일에 매달리다 보니까 현실에 부딪히다 보니까 회의도 생기고, 그러다 보니까 뭐 못 나가게 되더라고. 그렇게 못 나가게 되니까 더 못 나가게 되고, 다시 나가려고 하니까. 그래서 지금은 애를 잃고 이후는 애를 위해서 기도하는 거잖아요(한숨), 믿어보자 해서.

면담자   어머님의 권유였었나요? 아니면 아버님이 스스로 가신 건가요?

수연 아빠   그니까 집사람이 다녔었고, 나가자고 하니까. 기도하고 싶은 마음이 생기니까 나가긴 나갔는데, 믿음이 잘 안 생기고. 목사님한테도 미안하고, 다 미안하죠. 또 우리 목사님 자체가 보수적이다 보니까 거기서 오는 실망감도 있었고. 그니까, [목사님과] 좀 면담하고 그러면 잊어버리라는 거야. 그래서 실망하는 사람 많아요, 유가족들 중에, 그래서 교회 안 다니는 사람 많아. 나는 거꾸로야. 안 다니는 사람들이 많은데, 다녔던 사람들은 다 그만뒀어요, 목사님하고 뜻이 틀리니까. 대부분 목사님들이 보수적이고 만나면 다 잊어버리라 그러니까. 그건 기업에서의 어떤 잘못이고, 국가가 잘못한 건 아니고, 이런 식으로 얘기하니까. 우리 목사님 같은 경우에는 '구원파 짓이다. 유병언이 잘못한 거다'[라고 해요].

면담자   이단의 짓이라고 보는 건가요?

수연 아빠   어. 종교적으로 그런, 그런 부분이 거기서 온, 거기 때문에 근본적으로 그런 쪽으로 생각하고, 잊어버리라고 거기서 탁 나랑 틀어졌어요. 그러니까 나는 반박을 한 거지. "내가 이렇게 진상 규명을 요구하는 것이 다 떠나서 여러 가지 의혹이 있기 때문에 의혹을 해명할 수 있도록 조사를 하자는 거지, 국가를 부정하고, 비난하고, 무조건 그러는 건 아니다" 이렇게 얘기하는데. 이게 사고방식이 접근하는 관점이 틀리니까 얘기가 안 돼. 그 뒤부터 목사님하고는 틀어졌고, 내가 원래 교회 다녔던 사람이었으면 고만뒀을 거예요. 근데 난 그 목사님 보고 가는 건 아니니까. 근데 지금은 상당히 회의적이에요, 지금은. 집사람도 못 나가고, 내가 안 나가니까 집사람도 안 나갈라 그러고. 집사람은 그래도 나가라고 하는데, 거기서도 좀 고민이 있고. 종교 있어요?

면담자   전 무교입니다.

수연 아빠   어. 그래서 인제 그 막연한 그 기도[에] 매달리는 거지. 한마디로 사람이 물에 빠지면 지푸라기라도 잡는 심정으로, 우리 애 좀 진짜 천국이라는 데가 있으면 천국이라도 갈 수 있게 해달라고 그냥 막연하게 매달리는 거지. 믿는 사람들은 그게 가능하다고 하니까. 그 희망을 갖고 지금 매달리는 거예요. 천국이라도 있어서 천국 가면, 나도 잘 믿으면 천국 갈 수 있으니까. 그런 거, 그런 거지. 막연한 거지.

면담자   네. 저희가 준비한 질문은 마쳤는데요. 혹시 좀 막연하긴 하지만 아버님 꼭 하고 싶은 얘기나 그런 거 있으시면 해주세요.

수연 아빠   글쎄, 이게 뭐 인터뷰가 사람들 대상이 아니잖아요. 기록물인데, 누가 혹시 보게 될지 모르지만, 아까도 뭐 많이 얘기한 거지만, '우리가 사회에 대해서 실상[을] 제대로 알고, 사회 비판의식을 가지고 사회를 바꿀 수 있는, 세월호 참사[를] 그런 계기로 만들어야 한다. 거기에 대해서 쫌 관심을 갖고, 진상 규명하고 이런 데 많이 참여하고 그랬으면 좋겠다' 이런 바람인 거죠. 물론 어떨지 모르지만 볼지 안 볼지 모르지만, 그리고 또 이렇게 우리를 위해서 기록을 남기기 위해서 해주시는 것도 고맙고. 고마운 분들이 많더라고, 이 참사를 겪고 나니까. 다 개인적인 사리사욕을 위해 하는 거 아니잖아. 고마운 사람들 많이 보게 되고, 그런 사람도 쫌 많아졌으면 좋겠고. 하여튼 진상 규명 반드시 되고, 거기 관련 책임자들 처벌받고, 그렇게 되는 게 희망이에요. 지금 제일 바라는 거고, 그걸 위해서 투쟁할 거고, 가족들은. 그거죠.

면담자 네. 면담자로서 저도 마지막으로 말씀드리면, 아버님 계속 부족하시다고 그런 말씀하셨는데, 이런 쉽지 않은 상황 속에서 활동해 주시고 저희 구술도 참여해 주시고 하는 거에 대해서 오히려 감사하게 생각하고, 존경스럽게 생각합니다.

수연 아빠 뭐 존경스러울 거까지야(웃음).

면담자 저도 아버님 말씀대로 저희가 한 구술이 이후에 안전한 사회를 건설하는 데 큰 도움이 되기를 바랍니다.

수연 아빠 그렇게 됐으면 좋겠네. 고맙습니다. 3차까지 이렇게 애써주시고, 시간 많이 내주셔서 고맙습니다.

수연 아빠 이재복

4·16구술증언록 단원고 2학년 1반 제3권

그날을 말하다 수연 아빠 이재복

ⓒ 4·16기억저장소, 2019

기획 편집 4·16기억저장소 ┃ **지원 협조** (사)4·16세월호참사가족협의회
펴낸이 김종수 ┃ **펴낸곳** 한울엠플러스(주)
초판 1쇄 인쇄 2019년 4월 1일 ┃ **초판 1쇄 발행** 2019년 4월 16일
주소 10881 경기도 파주시 광인사길 153 한울시소빌딩 3층
전화 031-955-0655 ┃ **팩스** 031-955-0656 ┃ **홈페이지** www.hanulmplus.kr
등록번호 제406-2015-000143호

Printed in Korea.
ISBN 978-89-460-6703-5 04300
         978-89-460-6700-4 (세트)
* 책값은 겉표지에 표시되어 있습니다.